한국의사수필선집 1

잃어버린 동화의 시절

한국의사수필선집 1

잃어버린 동화의 시절

초 판 1쇄 발행 | 2015년 9월 30일

지은이 | 박문하, 최신해, 이장규, 빈남수, 김사달
엮은이 | 한국의사수필가협회
펴낸이 | 홍윤경
상임고문 | 성하길

편집진행 | 신영미
북디자인 | 오정화

펴낸곳 | 도서출판 재남
주소 | 서울시 도봉구 시루봉로 105 55동 204호
대표전화 | (02) 3453-3206
출판등록 | 제2014-29호

저작권자 ⓒ 2015, 박문하, 최신해, 이장규, 빈남수, 김사달

* 이 책의 저작권은 저자에게 있습니다.
* 저작권자를 찾으려고 노력했으나 저작권자를 찾지 못한 작품이 있습니다.
   저작권자는 도서출판 재남으로 연락주십시오.

ISBN 979-11-953597-2 1 03810

값 | 12,000원

* 잘못 제본된 책은 바꿔드립니다.

Printed in KOREA

한국의사수필선집 1

잃어버린 동화의 시절

박문하, 최신해, 이장규, 빈남수, 김사달 지음

한국의사수필가협회 엮음

재남

출간사

●

전 경 홍
(한국의사수필가협회 회장)

　한국의사수필가협회가 설립된 지도 어느덧 8년이 되었습니다. 오늘에서야 우리는 선배 문인들을 찾아 '한국의사수필선집'을 출간을 하게 되어 조금 늦은 감이 있습니다. 하지만 늦게나마 선인의 발자취를 좇는 우리는 그 감회가 새롭습니다.
　의사로서 환자들에게 명의로 존경을 받으셨고 문학작품으로 수필계에 새로운 지평을 열어주셨던 선배 문학인 김사달, 박문하, 최신해, 빈남수, 이장규 선생님들의 빛나는 유고를 선정하여 엮었습니다.
　이분들은 암울했던 일제 강점기와 해방 후 혼란한 세월 속에서 진료실을 지켰습니다. 이 땅의 가난하고 무지한 환자들에게 무한한 연민을 가지고, 치유하고 계몽하고자 혼신을 다했던 선구자들입니다. 이분들이 남긴 글은 우리 후배 의사문인의 나아갈 길을 제시하고 있습니다.

의사로서 문학의 길에 선 분들에게는 수필 창작에 귀감이 되겠고 문학에 취미를 가진 분들에게는 건강상식과 교양과 지성 그리고 지난 세대의 삶을 이해하는 데에 큰 도움을 줄 듯합니다.

이분들의 작품을 읽으면 어떤 작품이 독자에게 감동을 주는지를 알게 될 것입니다. 지난 시절 힘들있던 우리 민족의 애환을 생생하게 그려낸, 역사적 증인이신 선배님들의 글을 읽으시고 우리가 지금 서 있는 자리를 되돌아보고 또한 향기로운 문향에 취해보시기를 권합니다.

축사

작고(作故) 의사수필가 5인 수필선집 발간에 부쳐,

●

맹 광 호
(가톨릭대학교 의과대학 명예교수, 한국의사수필가협회 초대회장)

　우리나라 작고 의사수필가 5인의 수필선집(隨筆選集)을 발간하게 된 것을 진심으로 축하하며 기쁘게 생각합니다.
　무엇보다, 이번 선집의 대상 수필가로, 박문하(1918-1975), 최신해(1919-1991), 이장규(1926-1985), 빈남수(1927-2008) 그리고 김사달(1928-1984) 선생 등 다섯 분을 선정한 것은 매우 적절한 일이라고 생각합니다. 달리 선정 기준이 있었는지는 모르지만, 이들 모두 주로 1960년대와 70년대에 주옥 같은 수필을 발표해서 이름을 날린 의사들이고, 이런 사실은 한국 문단(文壇)에도 이미 잘 알려진 일이기 때문입니다.
　우연한 일일지는 몰라도, 저는 이 다섯 분 모두와 길건 짧건 개인적인 친분을 유지했던 경험이 있습니다.
　박문하 선생님과는 1971년부터 「남북의료기」라는 의료기기회사 월간 소식지에 근 10년간 좌우 페이지에 나란히 저는 '의학칼럼'을, 박 선생님은 '수필'을 쓰게 된 일을 계기로 자주 서신을 주고받았으며 제가 부산까지 선생님을 찾아가 뵙기도 했습니다. 최신해 선생님은 1974년 의사수필동인 '박달회'를 만드는 과정에서부터 역시 10여 년 간 선생님과 함께 동인회 활동을 했으며, 이장규 선생님과는 1976년 '한국과학저술인협회'라는 과학 저술가(著述家)들 모임을 만들어 함께 활동 했습니다. 한편 빈남수 선생님은 1972년 의학전문지『후생일보』가 국내에서 처음으로 실시한 의사수필 공모전에서 빈 선생님은 당선작으로 저는 가작으로 입선되어 당시 김형익 후생일보 사장실에서 나란히 수상한 일을 계기로 친분을 갖게 된 사이이며, 김사달 선생님은 글을 통해서보디 그가 워낙 사회석으로 유명한 의사였기 때문에 제가 그분을 찾아뵙고 인사를 드린 이후 종종 만나 많은 얘기를 나누었던 사이입니다. 어느 날 낮 시간에 우연히 길에서 만나 저녁 늦도록 그분의 술 대작을 해드린 일은 지금도 잊지를 못합니다. 그때 레스토랑에서 사용하는 흰 수건에 즉흥적으로 써 주신 한시(漢詩) 한 폭을 귀하게 간직하고 지냈는데 몇 차례 이사를 하는 동안 잃어버려 지금도 많이 아쉬워하고 있습니다.

사실 지금 생존한 의사들 중에 저처럼 이분들과 고루 친분을 갖고 지냈던 사람이 별로 없을 것 같아 왠지 이 인연이 우연만도 아닐 거라는 생각이 들기도 합니다. 그래서 그랬겠지만 어떤 방법으로든지 이분들을 함께 기리는 일 하나쯤은 해야 할 책임이 어쩌면 제게 있는 것 아닌가 하는 생각을 한 지도 여러 해가 됩니다.

실제로 2008년 6월에 창립된 '한국의사수필가협회' 모임에서 한두 차례 이런 제 생각을 얘기한 기억이 나고, 2012년에는 『문학과 의학회』 회지 4권에 「한국의사수필의 발자취」라는 기고문을 쓰면서도 비슷한 얘기를 했던 일이 있습니다.

그러던 중, 도서출판 '재남'에서 이번에 이분들의 대표 수필들 8~9편씩을 모아 선집을 내기로 했다는 소식을 듣고는 마치 제 개인의 꿈이라도 이루어진 것처럼 기뻐했습니다. 앞으로 이 사업이 계속 이어져 지금 생존해 있는 의사수필가들에게도 살면서 좀더 좋은 수필을 남겨야겠다는 다짐과 희망을 갖게 하는 계기가 되었으면 좋겠습니다.

1990년대 이후 수필이나 시 그리고 소설 등에 도전하는 의사들이 점차 늘어나고 있습니다. 특히 수필을 좋아하는 의사들이 많이 늘고 있는 것은 여간 다행스러운 일이 아닙니다.

2008년 6월에는 우리나라 수필문예지를 통해 수필가로 등단한 의사들 37명이 '한국의사수필가협회'를 창립하고 벌써 7년째 합동문집을 출간하고 있으며, 전국 의과대학생들을 대상으로 매년 수필공모전까지 개최하는 등 여러 가지 활동을 하고 있습니다.

이 같은 의사들의 인문학적 수필쓰기가 의사들의 삶을 좀더 유연하고 보람 있게 해줄 뿐 아니라, 의사-환자 관계를 개선해서 환자진료에도 매우 긍정적인 효과를 주게 될 것이라는 것은 두말할 나위도 없는 일입니다.

2008년에 '한국의사수필가협회'의 창립을 적극 권고해 주시고 격려해 주신 문학평론가 임헌영 선생님께 다시 한 번 깊이 감사드립니다.

이번, 작고 의사수필가 5인의 수필선집 발간이 우리나라에서의 의사 수필쓰기 활동에 하나의 기폭제가 될 것을 확신하며, 이 책이 평소 수필 읽기와 쓰기에 관심을 가진 다른 동료 의사들에게는 물론 일반 독자들에게도 많은 사랑과 관심을 받게 되기를 기원합니다.

차례

출간사 ｜ 전경훈 한국의사수필가협회 회장 • 4
축　사 ｜ 맹광호 한국의사수필가협회 고문, 초대 회장 • 6

박문하 朴文夏(1918~1975)

약손 • 16
잃어버린 동화 • 18
어떤 왕진 • 23
소 콜라 테스 • 29
입에 신을 물린 조선어 선생 • 34
악덕의사 • 37
손가락이 닮았다 • 42
의사와 문학 • 47

최신해 崔臣海(1919~1991)

민박 • 54

외국어 • 61

정조도 선물인가 • 66

앙칼진 숙적 • 73

권하고 싶은 책, 셰익스피어의 『햄릿』 • 76

머리 • 83

과잉충성 • 87

과학적 미신 • 92

이장규 李章圭(1926~1985)

외상진찰 • 98

사깃니 • 101

추억의 바이올린 • 105

업둥이 • 109

머리카락 •116

어느 인턴 •120

심기불편 •124

여(女)와 남(男) •130

빈남수 賓南洙(1927~2003)

회억의 삼층장 •136

실수의 미학 •141

재수생의 고배 •146

은수저 •151

호박잎의 향수 •155

괄호 밖의 인생 •158

망각의 이방지대 •162

낙엽을 보며 생각한다 •167

김사달 金思達(1928~1984)

선택 •172

지족(행복의 의미) •178

족지절(足之節) •182

호계삼소 •187

기우(杞憂) •192

용어 정화 유감 •196

문명과 공해 •202

나의 경험적 수필론 •206

세대 유감 •214

헌　사　|　김애양 한국의사수필가협회 부회장 •219

● 호는 우하(雨荷). 부산시 동래구 복천동 출생. 거구의 장신에다 호남아의 풍모를 지녔다. 그의 아버지는 경술국치로 나라를 잃은 뒤, 비통을 참지 못하여 자결하였다. 아버지의 의기를 이어 받은 형 문희, 문호와 누나 차정 열사를 모두 광복 항쟁과 역사의 격랑 속에 떠내려보낸 집안의 막내였다. 가난과 핍박 속에 자란 박문하는 유복자로 태어나 호떡장수 등을 하며 공부하여 의사가 되었다.

누나 박차정은 중국으로 망명, 여자의용군 대장으로 활약 34세에 순사했다. 박문하는 일본 경찰의 감시와 핍박을 견디지 못해 중국망명길에 올랐으나 일경에 체포되어 본국으로 이송되었다. 이후 독학으로 의사검정시험에 합격, 의사 자격증을 얻었다. 개업 후 요시찰인물이 되고 박해를 받았다. 한국전쟁 시 군의관으로 지원, 휴전이 되면서 군 특수기관에 연행당해 가혹한 심문을 받고 풀려났으나 불명예제대를 감수해야만 했다. '민중의원'이란 간판이 불순하다고 하여 '민중' 자를 빼라는 강요를 받았으나 끝까지 버텼다. 그는 장성한 아들을 익사사건으로 잃은 가슴 아픈 한도 지녔다.

부산민중병원 원장. 국제펜클럽 한국위원. 한국수필가협회 이사. 한국문인협회 부산지부장. 『수필』지 동인. 부산시 문화상 심사위원 역임. 간암으로 58세를 일기로 운명했다. 수필집으로 『배꼽 없는 여인』(1960), 『인생 쌍화탕』(1965), 『씨 뿌리는 사람들』(1968), 『낙서인생』(1972)이 있다.

약손 | 잃어버린 동화 | 어떤 왕진
소크라테스 | 입에 신을 물린 조선어 선생 | 악덕의사
손가락이 닮았다 | 의사와 문학

박문하

朴文夏(1918~1975)

약손

여섯 살 난 막내딸이 밖에서 소꿉장난을 하다가 눈에 티가 들어갔다고 울면서 들어왔다. 어린것들에게는 제 아버지라도 의사라면 무서운 모양인지, 아프지 않게 치료를 해주마고 아무리 달래어도, 혹시 주사라도 놓을까 그러는지 한층 더 큰 소리로 울면서 할머니에게로 달아나 버린다. 할머니는 손녀를 품안에 안고는 아픈 눈을 가만히 어루만져 주면서 자장가처럼 혼잣말로 중얼거리는 것이었다.

"까치야, 까치야, 네 새끼 물에 빠지면 내가 건져줄 터이니 우리 민옥이 눈의 티 좀 꺼내어 다오."

어린것은 어느 새 울음을 그치고 할머니의 품안에서 쌔근쌔근 잠이 들어버린다. 나는 어머니의 손을 물끄러미 바라보았다. 이제 연세가 여든을 넘으셔서 고목 껍질처럼 마르고 거칠어진 손이지만 그 속에는 우리 의사들이 가지지 못한 신비한 어떤 큰 힘이 하나 숨어 있는 것만 같았다.

  옛날에 우리 집은 무척 가난하였기 때문에 우리 형제들은 병이 나도 약 한 첩을 써보지 못하고 자라났다. 우리 형제들이 혹시 병으로 눕게 되면 어머니는 약 대신에 언제나 그 머리맡에 앉으셔서는 저렇게 "까치야 까치야…."를 외우시면서 우리들의 아픈 배나 머리를 따뜻한 손길로 쓰다듬어 주셨던 것이다. 그러면 이상하게도 그 아픈 배나 머리가 씻은 듯이 나았던 것이다. 그러기에 우리는 어머니의 손을 약손이라고 불렀다.

  나는 문득 내 손을 펼쳐보았다. 진한 소독약 냄새가 코를 찔렀다. 현대의 약손이라고 일컫는 의사의 손이다. 그러나 미끈하고 차가운 내 손에는 아무래도 무엇인가 중요한 것 하나가 빠져 있는 것만 같다.

  어린 손녀의 아픈 눈을 어루만져 주고 계신 어머니의 손을 바라보면서 나는 그 손에서 슈바이처보다도 한층 더 뜨겁고 진한 체온과 정신을 새삼스레 가슴속 가득히 느꼈다. 그리고 고목 껍질 같은 어머니의 손이 오늘따라 자꾸만 모나리자의 손보다도 더 아름답게 보이는 것이다.

잃어버린 동화

    가을비가 스산하게 내리는 어느 날 밤이었다. 이미 밤도 깊었는데 나는 빗속에서 우산을 받쳐들고 어느 골목길 한 모퉁이 조그마한 빈 집터 앞에 화석처럼 혼자 서 있었다.

    며칠 전까지만 해도 이곳에는 오막살이 초가 한 채가 서 있었던 곳이다. 와보지 못한 그 새, 초가는 헐리어져 없어지고, 그 빈 집터 위에는 이제 새로 집을 세우려고 콘크리트의 기초 공사가 되어져 있었다. 사랑했던 사람의 무덤 앞에 묵연히 선 듯, 내 마음과 발걸음은 차마 이 빈 집터 앞에서 떨어지지가 않았다. 장미를 자랑하는 로마 시대의 고적도 아니요, 겨레의 피가 통하는 백제, 고구려나 서라벌의 유적도 아닌, 보잘것없는 한칸 초옥이 헐리운 빈 터전이 이렇게도 내 마음을 아프게 울리어 주는 것은 비단 비 내리는 가을밤의 감상만은 아닌 것이다.

지난 몇 해 동안에 나는 몹시 마음이 외로울 때나 술을 마신 밤이면 혼자서 곧잘 이곳을 찾아왔었다. 밖에서 밤늦게까지 술을 마시고는 통금 시간이 임박해서도 이 초가 앞을 한 번 스쳐가지 않으면 잠이 잘 오지 않는 때가 많았다. 그러면서도 나는 아직 이 초가집 주인이 무엇을 하는 사람인지, 그 가족들이 어떤 사람들인지 잘 모르고 있다.

내가 이 초가집을 처음으로 알게 된 것은 지금으로부터 약 45년 전의 일로서, 그때 나는 초등학교 1학년생이었다고 생각된다. 내 형제들은 3남 2녀가 되지만 모두가 그때 중국 땅에 망명을 가서 생사를 모르던 때였다. 홀어머니는 막내아들인 나 혼자만을 데리고 남의 집 삯바느질로 겨우 연명을 해가고 있었다.

어느 날 어머님이 갑자기 병이 들어서 두 달 동안을 병석에 앓아눕게 되었다. 추운 겨울철이었기 때문에 우리 모자는 그야말로 기한에 주리고 떨게 되었다. 이웃 사람들이 이 딱한 꼴을 보다못해서 나를 호떡 파는 곳에다가 취직을 시켜주었다. 낮에는 주린 배를 움켜잡고서 그래도 학교엘 나가고, 밤에는 호떡 상자를 메고 다니면서 밤늦게까지 호떡을 팔면 겨우 그날의 밥벌이는 되었던 것이다.

어느 날 밤 나는 호떡 상자를 어깨 위에 메고서는 "김이 무럭무럭 나는 맛좋은 호떡 사이소, 호떡." 하고 외치면서 골목

길을 지나가고 있었다. 마침 길가에 있던 조그마한 초가집 들창문이 덜커덩 열리더니 거무스레한 중년 남자의 얼굴이 불쑥 나타났다.

"호떡 5전어치만 주라."

중년 남자는 돈을 쥔 손을 쑥 내밀었다. 어스름 램프불이 졸고 있는 좁은 방안에는 나보다 나이 어린 두 오누이가 있었고, 그 옆에는 어머님인 듯한 중년 부인이 바느질을 하고 있었다. 호떡 한 개 값은 1전이고, 5전어치를 한꺼번에 사면 덤으로 한 개씩 더 끼워서 주던 때였다.

중년 남자는 호떡 여섯 개를 받아서는 오누이에게 각각 두 개씩을 나누어 주고는 나머지 두 개 중에서 한 개를 중년 부인에게 주었다. 그러고는 덜커덩 창문이 닫히고 말았다. 창문이 닫힌 방안에서는 도란도란 정겨운 이야깃소리와 함께 네 식구가 호떡 먹는 소리가 잔잔하게 들려 왔다.

나는 어릴 때 한 번도 이러한 가족적 분위기를 맛본 일이 없었다. 일찍이 유복자로 이 세상에 태어나 아버지의 사랑이 어떤 것인지, 또 두 형제 간의 정이 어떤 것인지도 모르는 '애정 실조증'에 걸리어 홀어머니 밑에서 살인적인 가난과 갖은 고생을 겪으면서 자라난 나에게 이날 밤 초가집의 흐뭇한 가족적 분위기는 나에게 있어서 뼈에 사무치도록 부럽고도 그리운 광경이었다.

 이때부터 나의 머릿속에는 이 초가집 풍경이 행복하고 화목한 가정의 상징으로 판이 박혔고, 내 몸과 마음이 외로울 때 가만히 눈을 감으면 호박꽃 같은 램프불이 피어 있는 그 창문이 머릿속에 떠오르고, 그 속에서 도란도란 정겨운 이야깃소리와 함께 호떡 씹는 소리가 잔잔히 들려오는 것이었다.

 이것이 원이 되고 한이 되어, 내 형제들은 왜놈들 치하에서 모두가 가정을 버리고 놈들의 철창 속에서, 또는 이역 땅 망명의 길에서 숨져갔지마는, 나는 혼자 비겁하게도 어떻게 해서라도 집을 지키면서 어머님을 모셔 알뜰한 가정을 한번 가져보고 죽겠다고 오늘날까지 몸부림을 쳐왔던 것이다.

 그때로부터 40여 년의 세월이 탁류로 흘러가 버린 지금, 나는 초가집보다는 몇 배나 더 큰 콘크리트 집을 가지게 되었고 많은 가족들을 거느리게 되었지마는, 어쩐지 아직까지도 그날 밤의 그 초가집 창가의 광경이 자꾸만 그리워지는 것은 무엇 때문일까? 근년에 사랑하는 큰자식 놈을 불의의 사고로 잃어버리고, 이따금씩 아내마저 그 거리가 무척 멀어져 가는 밤이면 나는 혼자서 술을 마시고는 곧잘 이 초가집 창가를 찾아왔던 것이다. 그러면 호박꽃 같은 램프의 불이 피어 있는 초가집 창가에서는 40여 년이 지난 지금에도 언제나 도란도란 이야깃소리와 함께 호떡을 씹는 소리가 그 방에서 잔잔히 들려오는 것이었다.

  그러나 이제는 그리운 내 동화 속의 이 초가집도 헐리어 온데간데없어졌고 스산한 가을비가 내리는 이 외로운 밤을 나는 혼자서 진정 어디로 가야만 한단 말인가?

어떤 왕진

　우리 병원의 단골환자인 김 사장댁에서 왕진을 와달라고 차를 보내왔었다.

　요즈음 불경기가 심하여 일반 환자들의 주머니 상태가 마치 7, 8월 가뭄에 말라붙은 논바닥같이 메말라서 외상치료에 골머리를 앓고 있는 개업의들에게 김 사상같이 자가용차로 왕진을 청하는 여유 있는 단골환자가 있다는 것은 적이 다행스러운 일이 아닐 수가 없다.

　차는 아스팔트 위를 미끄러지듯이 달려 유명한 D온천지의 산마루에 자리잡고 앉은 김 사장의 화려한 저택 앞에 닿았다. 남향으로 아담하게 앉은 2층 양옥 앞에는 마치 여인의 화사한 치마폭같이 싱싱한 상록수들의 푸르름 속에 수를 놓은 듯 붉고 노란색깔의 철쭉과 개나리꽃들이 한창 봄빛을 자랑하고 있었다. 정원으로 창이 난 응접실에서 김 사장은 모닝커피를 마시며 신문을 보고 앉아 있다가 나를 보고는 그 육중한 몸을 일으키면서 반가이 손을 잡으며 맞아주었다.

"의사선생님들은 몸이나 아파야만 겨우 얼굴을 대하게 되니 그러다간 건강한 여인과는 평생에 연애 한 번 못해 보고 늙어버릴 것 아니오?"

사교성 있는 김 사장의 농이 섞인 인사말은 언제 들어도 밉지가 않다.

"그래도 김 사장같이 걱정을 해주는 분이 있으니 고맙습니다. 그동안 서울 가셨다더니 언제 내려왔어요?"

나는 김 사장이 내미는 '바이스로이' 담배 한 가치를 뽑아들고 불을 붙이면서 그동안의 소식을 인사 삼아 물었다.

"소위 세금이란 것을 또 좀 바치고 왔지요. 이놈의 사업가들은 죽도록 긁어모아서는 항상 그 사람들에게 정치자금이라는 이름의 세금을 바쳐야만 좀 마음을 놓고 일을 할 수가 있으니 마치 '재주는 곰이 하고 돈은 중국 놈이 먹는다.'는 그 식이지요. 정치가들의 버릇이란 뭐 자유당 때나 지금의 민주당 때나 꼭 같더군요. 이래서는 아무리 바꾸어도 안 됩니다. 안 돼요."

그는 사뭇 흥분을 하여 정치인들에게 대한 화풀이를 나에게라도 하려는 듯이 말소리를 높이었다. 웬만한 큰 사업이라도 하려면 탈세니 무엇이니 해서 괜히 이것저것 문제삼아 긁어 먹으려고 날뛰니 사업가들의 고충도 이만저만이 아닌 모양이다.

나는 아침부터 공연스레 골치 아픈 화제를 끄집어내어서 김 사장의 비위를 상하게 한 것을 후회하며 곧 말머리를 돌렸다.

"혹시 부인께서 또 몸이 편찮으신가요?"

김 사장의 부인이 고질인 신경통으로 가끔 나에게 치료를 받고 있었던 참이라서 혹시 그 병이 또 재발이 되지나 않았나 싶어 나는 물어보았다. 나의 질문에 김 사장은 비로소 왕진을 청한 것을 깨달은 듯이 식모를 불러서는

"빨리 메리를 데리고 오시오." 하고 일렀다.

조금 후에 식모가 큼직한 포인터 한 마리를 끌고 들어왔다. 흰 바탕에 검은 바둑무늬가 띄엄띄엄 박히고, 큰 두 귀가 축 늘어져서 양쪽 뺨을 덮은 순종의 영국산 포인터는 두 눈에 눈곱이 끼고 콧물과 침을 줄줄 흘리면서 몹시 괴로운 듯이 '킹킹'대며 앓고 있었다.

"내가 서울에 가 있는 동안에 이놈이 병이 든 모양인데, 벌써 3~4일 동안 아무리 맛있는 고기를 주어도 전혀 먹지를 않고 킹킹거리는 꼴이 자칫 잘못하면 70만 환짜리 고급 개를 죽일 것만 같으니 약값은 얼마가 들어도 좋으니 특별한 치료를 해서 좀 낫게 해주십시오."

김 사장은 마치 친자식의 병이라도 부탁을 하는 듯이 나에게 포인터의 병 치료를 부탁하는 것이었다.

병원을 개업한 지 20년 동안에 별난 환자들을 많이 보아왔지마는 이날까지 이러한 뚱딴지 같은 개환자의 치료를 부탁받아 보기는 처음인 것이다.

"아니, 내가 뭐 개병을 볼 줄 알아야 말이죠. 왜 수의사에게 보이질 않고선?"

의사와 수의사를 구별하지 못할 김 사장이 아니기에 나는 의아스러운 표정으로 그에게 반문을 하였다.

"어디 부산바닥에 똑똑한 수의사가 있어야 말이죠. 똥개 따위나 치료하는 수의사들에게 맡겼다가는 공연스레 값비싼 박래품 고급 개를 죽일 것 같아서요. 증상을 보아하니 아마 '지스텐바' 같으니 사람에게 쓰는 고급 항생제를 한번 써보아 주십시오. '지스텐바'에는 항생제가 특효약이라고 하니깐요. 고급개가 되어서 사람에게 쓰는 고급약이 아니고서는 잘 듣질 않을 것 같아서 특별히 박 선생님에게 부탁을 드리는 겝니다."

듣고 보니 딴엔 사람보다 좋은 환경에서, 사람보다 좋은 음식을 배불리 먹고 자라난 팔자 좋은 개이기에 김 사장의 말도 일리가 있는 듯도 하였다. 그러나 아직 한 번도 사람의 병 이외에 가축의 병을 치료해 본 경험이 없는 나에게는 무리한 부탁이 아닐

수 없었다. 그렇다고 단골환자인 김 사장의 청을 거절하기에도 난처하여

"그럼 우리 병원 옆에 나와 친한 가축병원의 수의사가 있으니 그분과 서로 상의하여서 좋은 약으로 잘 치료하도록 하겠습니다."하고는 포인터를 우선 김 사장의 자가용차에 싣고 돌아와서 평소에 친분이 있는 H 수의사를 찾아갔다.

H 수의사는 우리 병원에서 그리 멀지 않은 곳에서 가축병원을 개업하고 있는 젊은 수의사로서, 우리 집 개가 아파서 두어 번 찾아가 치료를 받은 일이 있어 구면인 터이다.

내가 김 사장의 포인터를 끌고 H 수의사를 찾아갔을 때, 그는 마침 무슨 수술을 하고 있는 모양이었다. 외과의사인 나는 평소에 많은 사람들의 여러 가지 수술을 하여왔으나 아직도 가축의 수술은 한 번도 구경조차 한 일이 없기 때문에 식업석인 호기심에서 가만히 H 수의사의 등 뒤로 가서 그의 수술 작업에 방해가 되지 않게 주의하여 수술광경을 엿보았다.

그러나 이 순간, 나는 너무나 뜻하지 않았던 광경에 놀라지 않을 수가 없었다. 나무판자로 만든 가축용 수술대 위에 누워서 끙끙 앓으면서 유종(乳腫)의 수술을 받고 있는 것은 가축이 아닌 남루한 의복을 걸치고 있는 인간인, 어떤 가난한 중년 부인이었기 때문이다. 나는 마치 못 볼 것이나 본 듯이 흠칫 고개를 돌

리고 물러섰다.

이때 등 뒤에서 인기척을 느낀 H 수의사는 뒤를 돌아다보다가 나를 발견하고는 마치 큰 죄나 지은 사람처럼 당황해하였다.

"아니 박 선생님이 웬일이십니까? 요즘에는 하도 딱한 환자들이 많아서 병원엘 갈 형편은 못 되고 나를 찾아와서는 하도 애원을 하기에 이렇게 도리가 아닌 줄 알면서도 이러한 수술을 해 주고 있습니다."

H 수의사의 말에 나는 대답할 말이 없었다.

고급 개의 병을 치료하기 위하여 의사가 자가용차를 타고 다니어야 하고, 사람의 유종수술을 수의사가 해야 하는 이 모순덩어리 땅에서 그래도 우리 의사들은 내가 "인술을 합네." 하고 떳떳이 얼굴을 들고 다니니 참으로 얼굴 간지러운 일이 아닐 수 없다.

나는 갑자기 가슴속이 답답해져서 H 수의사에게 내가 그를 찾아온 용건을 간단히 이야기하고 김 사장의 포인터를 맡기고는 급히 가축병원을 나왔다. 서늘한 거리에 나왔으나 내 가슴속은 마치 무거운 납덩어리를 삼킨 듯이 답답하였다.

가축병원의 수술대 위에 누워 있던, 그 여인의 영양실조에 일그러진 얼굴은 언제까지나 내 망막에서 지워지지 않고, 그녀의 괴로운 신음소리는 무슨 원한의 주문같이 지금도 나의 고막을 바늘 끝으로 찌르고 있다.

소 콜라 테스

　우리나라 국민들의 계급이나 빈부의 차를 가장 손쉽게 아는 방법은 그들의 교통수단인 차량별로 나누어 자가용족과 택시족과 버스족으로 구별하는 방법과 또 그들이 일상 마시는 술의 종별 등급에 따라 나누는 것이 손쉽고 정확한 방법이 아닌가 생각된다.
　친구 덕분에 어쩌다가 팔자에 없는 자가용차를 타보기도 하고 급한 용무에 쫓기어 잠깐 택시를 이용하기도 하지마는 30원짜리 버스 요금에 비해 몇십 배나 되는 엄청난 택시 요금을 물고 나면 어쩐지 돌덩이를 삼킨 듯이 가슴속이 무거워지기만 한다.
　서민생활에 유일한 위안이요, 마음의 벗이 되는 술도 이제는 맥주 값이 껑충껑충 뛰어올라서 몇 사람이 모여 앉아 웬만큼 취하도록 마시려면 돈 만 원쯤은 가져야 하니 도저히 감당하기가 어려운 일이 되고 말았다. 이래서 거리마다 느느니 서민층의 목로술집이요, 그곳에서는 소주가 판을 치게 되었다. '소주 한 잔의 행복'이라는 말은 수필의 제목 따위가 아니라 이제는 서민생활의 노루꼬리만한 마지막 즐거움의 보루가 되어버리고 말았다.

"소주는 서울에서 제일 사나이다운 잘난 사람들의 언어이다. 진눈깨비 내리는 저녁에는 소주를 파는 집에 가자."라고 읊은 김광섭 시인의 '소주론'은 요즘 소줏집으로 불리는 서민생활을 가장 잘 대변한 시라고 하겠다. 나도 근래에 '소주예찬'과 '양주배격론'을 써서 소주를 예찬한 바가 있다. 맥주가 보수적인 술의 대명사라면 소주는 가장 혁명적인 기질을 가진 술이라고 하겠다. 맥주는 주정도가 낮고 양이 많기 때문에 체내에 서서히 흡수되어서 건강을 상하지 않고 취기를 알맞게 조절하기 때문에 돈 있고 건강을 아끼는 노인층이나 부유층의 사람들이 즐겨 마시는 대신에 소주는 주정도와 취기가 높고 값이 싸기 때문에 서민층과 젊은층이 많이 마시게 된다.

현실생활과 기성세대에 대하여 항상 불평과 불만이 많은 서민층과 젊은이들에게 소주는 정신적인 폭발의 촉매제가 되어주며 다시없는 좋은 위안의 친구가 되어주기도 한다. 소주는 또 허위에 찬 현실을 경멸하고 그러한 현실에 아첨하고 타협하며 살아가는 속물적인 인간형을 가장 싫어하는 솔직하고 순수한 한국의 가난한 예술인들의 술이기도 한 것이다.

　소주를 말할 때 먼저 머릿속에 떠오르는 것은 서민주객 청마 선생의 모습이다. 생전에 남포동 뒷골목에서 만나기만 하면 "우하(雨荷), 소주 한 잔 하세." 하고는 허름한 목로주점에 들어가 소주 한 되를 다 마시고도 끄떡도 하지 않던 청마.

　청마 선생께서는 그 시를 다 빼어버리어도 멋진 서민주객으로서의 인간상이 영원히 남을 것이다. 결국 청마 선생은 1967년 2월 13일, 그날도 소주를 두 되나 마시고 취중에 교통사고를 당해 돌아가시게 된 것이다.

　언젠가 서울에서 청마 선생이 한흑구 선생을 만나서 소주 대식가인 두 선생이 소주 마시기 시합을 하였다. 두 분이 모두 안주 없이 소주 두 되씩을 마시고서는 여관방에 고꾸라졌었는데 다음날 아침 그대로 청마 선생은 툭툭 털고 일어나서 경주로 내려갔지만(그 당시 청마 선생은 경주고교 교장직에 있었음) 한 선생은 3일 동안을 집에도 가지 못하고 여관방에서 끙끙 앓았었다고 한다.

　청마 선생이 작고한 이제 한흑구 선생은 피난생활을 하다가 포항에 내려와서 살면서 가끔 그 시절을 회고하고 '소주 고독론'을 피력하신다기에 한 달쯤 전에 나는 혼자서 소주 반 되를 마시고는 불현듯 한 선생님과 소주 시합을 하고 싶은 생각이 나서 불원천리하고 포항까지 고속버스를 타고 소주 원정을 갔었는데 공교롭게도 한 선생은 전날 밤에 소주를 포식하고 누워 있었기 때문에 맥주 몇 병으로 서로 입가심만 하고 돌아왔다.

　이렇게 소주를 애용하는 사람들은 자기의 건강을 돌보지 않기 때문에 마지막에는 위궤양이나 간장병으로 고생을 하게 마련이므로 요즈음 우리는 소주에 콜라를 타서 그 주정도를 약간 희석해서 마시고 있다. 이것을 우리는 속칭 '소콜라테스'라고 부른다. 소주에 콜라를 탔으니 '소 콜라'요, 굳이 '테스'는 무슨 뜻인가고 묻는다면 영국의 토머스 하디의 유명한 소설 『테스』의 여주인공처럼 비록 악독한 현실과 환경에 끌리어 물들어가기는 하나 그 본바탕은 순결무구한 여인이 있어 때로는 우리들 술자리에 낭만의 꽃을 피워준다면 더욱 좋지 않겠는가 하는 기원이기도 한 것이다.

　우리는 지금 낭만과 철학이 없는 정신적 불모지 위에서 살고 있다. 낭만과 철학이 없는 물질일변도의 풍요란 마치 정신없는 허수아비상과 같은 것이다. 우리는 지금 나라의 경제를 좀먹는 값비싼 양주를 마시면서 망국의 혼에 취할 때가 아니라 값싼 한 잔의 국산 소주 속에서 민족의 철학과 겨레의 혼과 겨레의 소리를 찾아야 할 때라고 생각한다.

우리들 서민들의 술인 소주는 조국의 정신적인 포효이며 온 겨레의 소리 없는 절규이며 소크라테스의 마지막 술잔이라고 할 수가 있겠다. 사형선고를 받은 소크라테스는 마지막 술잔을 받고 재판관들에게 다음과 같은 인사를 하였다.

"이제 나는 떠나야 할 때가 왔다. 나는 지금 죽으러 가고 당신들은 살러 간다. 그러나 우리들 중에서 진실로 누가 더 행복할 것인가는 오직 신과 먼 훗날 역사의 심판관들만이 알 것이다."

오늘날 우리 서민들은 값싼 '소 콜라 테스'의 술잔을 기울이면서 그 속에서 철인 소크라테스의 역사적인 인사말을 귀담아 들을 수가 있다.

입에 신을 물린 조선어 선생

　일제는 우리 민족정신을 말살하려고 우리말과 글을 빼앗았고 심지어는 우리들의 이름 석 자까지도 빼앗아 일본식으로 창씨개명을 시켰던 것이다. 학교에서는 그들의 일본말을 국어라고 가르쳤고 강제로 그 국어 상용을 시켰으며 우리말을 하면 엄벌에 처했었다.

　'눈 가리고 아옹'하는 식으로 일주일에 몇 시간의 조선어 공부를 허용했으나 이 시절에 교육을 받은 사람치고 한글맞춤법 하나 제대로 쓰는 사람이 없었다. 나중에는 이것마저 없애버리려고 조선어학회 사건을 조작하여 전국의 저명한 한글학자들은 모조리 잡아 감옥에 가두고 혹독한 고문을 하였으며 어학회에서 발간하던 『한글』 잡지를 폐간시키고 말았다. 이 사건에 연좌되어 내 고향인 동래에서도 곽상훈, 김법린 씨 등이 홍원경찰

서로 끌려가서 욕을 당했었다.

　이때 동래여고에 지 모라는 조선어 선생이 있었다. 조선어 선생이라면 일제가 눈엣가시처럼 보던 시절이었다. 대동아전쟁이 한창 치열하던 때여서 일제는 한 달에 약 1주일 동안을 보국대니 근로봉사대라는 미명 아래 한국 사람들에게 강제노동을 시켰다. 지 모 선생도 수영비행장 공사에 끌려 나갔었다. 학교선생이 육체노동에 약할 것은 뻔한 일이었다. 공사감독을 하던 일본인 헌병은 지 선생이 일부러 '사보타지'를 한다고 트집을 잡았다.

　"너 직업이 무엇이냐?"

　"고등학교 선생이오."

　"무엇을 가르치냐?"

　"조선어를 가르칩니다."

　"이 새끼, 그러니 사상이 나쁠 수밖에. 오늘 잘 걸렸다. 어디 맛 좀 봐라."

　일본인 헌병은 손에 쥔 나무 몽둥이로 지 선생을 후려쳤다. 그러고는 신을 벗겨서 입에 물리고는 개처럼 땅 위에 엎드려 기라고 명령했다. 기지 않으면 몽둥이로 허리와 엉덩이를 사정없이 내리쳤다. 한 시간 동안을 이렇게 시달린 지 선생은 옷이 찢기고 살이 터져서 정신을 잃고 쓰러졌다. 함께 일하던 사람들에게 업혀서 내 병원에 온 지 선생의 이 처참한 몰골은 차마 눈 뜨고 볼 수 없었다. 나는 눈이 흐리고 손이 떨려서 주사를 잘 놓을 수 없었다.

　며칠 후 퇴원 시에 지 선생은 내 손을 잡고 "박 선생, 우리 이 뼈에 사무친 원한을 죽을 때까지 잊어서는 안 됩니다." 하고는 눈물을 흘렸다. 8·15 해방이 된 후에 지 선생은 어느 여고 교장이 되어 떠났는데 아마 지금은 정년퇴직을 하였을 줄 믿는다.

　"국에 덴 놈 찬물보고 분다."는 격이 될는지 모르겠으나 요즘 너무나 안일한 태도로 한일 문화교류를 나발 부는 친구들을 볼 때마다 지난날에 우리말과 글을 지키다가 피 흘린 선생들의 모습이 눈앞에 선하게 떠오른다. 또 입에 신을 물리는 일은 없을는지?

악덕의사

한 의사가 '대한의학협회'로부터 고발과 제명처분을 당하고 2년 동안의 의사 자격 박탈과 영업정지 처분을 받아 세상이 시끄럽다. 환자의 병을 빨리 완쾌시켜야 할 의무가 있는 의사가 도리어 그 병을 더 악화시켜 치료 기간을 연장함으로써 많은 수입을 올렸다는 것이다.

이것이 사실이라면 두부에 횟가루를 넣고, 소고기 대신에 제화용 쇠가죽을 넣어서 국을 끓여 판 악덕상인과 그 수법이 조금도 다를 바 없으나 의사라는 그 직업적 윤리성에 비추어볼 때 그 죄는 한층 더 가증스럽다 하겠다.

조금이라도 양식을 가진 사람이라면, 2년간의 자격과 영업의 정지 처분이란 종신의 자격박탈에 해당되는 형벌이라는 것을 알 것이다. 한국 의사 역사상 처음 당하는 일이 아닌가 생각된다. 의사가 의료 윤리에 벗어난 범죄 행위를 저질러 처벌을 받은 예는 선진국에서도 '백색 셔츠의 범죄'라 하여 더러 있는 일이다. 이런 경우에 의사회는 항상 앞장서서 그 회원의 잘못과 신분을 변호하고 보호해 왔던 것이다.

그러나 이번 사건은 이와는 정반대로 의사의 신분과 권익을 보호해야 할 의사회의 최고기관인 '대한의학협회' 스스로가 그것도 자체 단체 안의 윤리위원회가 아니고 바로 사직 당국과 사회에 회원의 비위 사실을 고발하고 처벌을 요청한데 근본적인 차이점과 문제점이 있는 것이다. 이 사건은 한마디로 말해서 한국적인 사회악과 부정부패가 우리 의료계까지 점차 침투해 오고 있다는 하나의 생생한 증거라고 하겠다.

어찌 이러한 악덕의사가 이 한 사람뿐이겠는가? 동료의 병원에 입원 치료중인 환자를 감언이설로 꼬여서 자기 병원으로 유인해가는 철면피가 있는가 하면 이번 자동차 재해보험 단체계약을 둘러싼 일부 보험 의사들의 비협력과 추태는 정말로 내 자신이 의사가 된 것이 부끄러울 정도로 의료계에 끼친 해악이 막심한 것이다.

언젠가 의사회 석상에서 요즘의 의사 불신의 풍조와 의사 스스로의 자중을 위해 각 병원 진찰실에 '히포크라테스 선서'를 붙이도록 하자는 제안이 나왔을 때, 그것은 환자들에게 의사를 불신하게 하고 공격하게 하는 좋은 자료가 될 뿐이라는 이유로 부결이 된 일이 있었는데 이러한 것은 의사 스스로가 의료계의 부패상을 시인하고도 남는 이야기가 되는 것이다.

「밴케시」와 「마커스 웰비」 등의 TV 영화 프로가 이 땅에서 그렇게 인기가 상승한 것은 역설적으로 이 땅에 의사부패와 아울러 그러한 양심적인 의사의 출현이 절실히 요망되고 있다는 것을 말해주는 것이다. 한때 『주간한국』에 연재되어 우리 의료계에 물의를 일으킨 정을병 씨의 『유의촌』이라는 소설은 혼탁해가는 우리나라 의료계를 신랄하게 고발한 작품으로 우리는 이 작품을 욕하기에 앞서 냉철한 자가비판이 있어야 하겠다.

어떤 돈독이 오른 의사가 자기 병원을 찾아오는 환자들에게 하루에 평균 10여 명의 맹장염 진단을 내리면 그 중에서 3, 4명이 수술을 받는다고 한다. 나머지 환자들은 다른 병원을 찾아가서 다시 진찰을 받아보면 단순한 위장병으로 1, 2일간 약물치료로 완치가 되었다. 처음 진찰을 받은 외과병원에서 백혈구 수가 2만이라 하였는데 10분 후에 다른 병원에서 2차, 3차 거듭 검사를 해보아도 정상치인 7천밖에 되지 않았다. 이럴 때 두 번째 진찰을 한 의사는 그 첫 번째의 엉터리 의사를 고발할 수 있을 것인가? 도저히 불가능한 일이다. 이것은 의사들만이 알 수 있는 일급비밀인 것이다. 이러한 것이 쌓이고 쌓여서 오늘의 대한의학협회 고발사건 같은 것이 생겨나게 된 것이다.

일본 어느 곳에는 무의촌(無醫村)이 아닌 무위촌(無胃村)이 있다고 한다. 위 수술을 전문으로 하는 외과의사가 개업을 한 이후로 그 마을 환자들은 소화불량에서부터 단순한 위장병에 이르기까지 마구 위를 잘라내었기 때문에 그 마을에는 위를 가진 사람이 한 명도 없게 되었다고 한다.

몇 년 전에 우리나라에서도 상연된 바가 있는「그대는 돌아오리」라는 미국영화가 있었다. 그 영화 속에서는 법정에 선 한 악덕의사를 향하여 검사가 다음과 같은 준열한 논고를 하는 장면이 있었다.

"의사들이 수술을 할 때 왜 고무장갑을 끼는지 나는 알았다. 너희들은 소독 때문이라고 말하지만 그것은 환자들의 많은 재산과 하마터면 환자의 귀한 생명까지도 빼앗아가는 너희들의 범죄행위에 대하여 지문을 남겨놓지 않으려는 수단임에 틀림없다."라는.

우리 의사들은 이 검사의 억척스런 논고를 한갓 시나리오 작가의 잠꼬대로만 비웃지 말고 가만히 가슴 위에 손을 얹고 반성해 볼 때가 되었다고 생각한다.

히포크라테스는 "의사는 환자에 대해 신선한 안색과 어느 정도의 비만성(肥滿性)을 보여줘야 한다."고 말했다. 그러나 오늘의 의사들은 히포크라테스가 말한 의사의 정신적인 비만성을 한갓 경제적이거나 육체적인 비만성으로만 착각을 하고 있으니 안타까운 노릇이다.

이번 대한의학협회의 악덕회원 고발사건은 대외적으로 많은 물의를 일으키고 대내적으로도 의사들에 대한 불신풍조가 짙은 요즘에 왜 이런 문제를 대내적으로 해결하지 못하고 사직당국에 고발을 하여 세상을 시끄럽게 하고 의사의 주가를 떨어뜨리게 하느냐고 일부 회원들로부터 비난의 소리가 있기는 하지만 의료계 자체의 정화운동을 위하여 또 너무나 우유부단하고 미온적이었던 대한의학협회의 체질 개선을 위하여 잘한 일이라고 생각된다.

이러한 희생을 계기로 혼탁한 우리 의료계가 앞으로 건전하고 칭신한 기풍을 뇌찾고 새로운 활로를 개척해 주었으면 그 위에 다행한 일이 없을 것이다.

손가락이 닮았다

　K 선생이라고 하면 한국문단의 원로시인으로 알 만한 사람들은 다 알고 있는 분이다. 수년 전에 병석에서 오랫동안 신음하던 부인과 사별하고 난 후로부터는 차츰 안색도 젊어지고 작품 활동도 한결 활기를 띠어 노익장의 생활을 하고 있다. 그러나 외아들 부부가 외국에 나가 있기 때문에 집안에는 먼 친척뻘 되는 소녀가 선생의 식사를 돌보아주고 있을 뿐으로 노경의 고독이 보기에 딱해서 넌지시 속현(續絃)을 권해보면 "칠십 고개를 바라보는 나이에 남의 눈도 있으니 손주뻘 되는 나이 젊은 애들을 함부로 데리고 올 수는 없는 노릇이고 그렇다고 다 늙어 빠진 노친네를 데리고 와서는 또 뒤치다꺼리만 할 터이니 아예 혼자서 적당히 살아가는 편이 마음 편하다."고 한술 더 뜨시는 소리를 하신다.

K 선생은 젊은 시절부터 골동품을 좋아해서 고서화, 청자, 백자 등 값나가는 귀중품을 지금도 많이 소장하고 있다. 시중에 보기 드문 이런 물건은 요즘에 한 점만 팔아도 수십만 원의 돈이 되기 때문에 가난하기 짝이 없는 우리나라의 문인치고는 비교적 유족한 생활을 하고 있는 편이다.

K 선생은 내가 개업을 하고 있는 병원에서부터 가까운 곳에 살고 있기 때문에 환자가 없을 때는 함께 바둑을 두기도 하고 또 밤에는 이따금씩 가까운 비어홀에 나가서 함께 맥주를 마시면서 아가씨들과 농을 즐기기도 하는 것이다. 노년에 부인과 사별하고 홀몸이 된 K 선생은 전날에 비하여 인생관이 많이 달라진 듯하다. 젊은 아가씨들을 다루는 솜씨가 여간 아니고 어쩌다 손을 잡아보면 칠십 가까운 노인의 손이 오십대 우리들의 손보다 더 너워서 그 비결을 물어보면 "군불을 마구 안 때나."라고 하시면서 포켓 속에서 해구신으로 만들었다는 보양제 환약을 내보인다. 요즘 원천과세니 원천부정이니 하는 말이 있지만 인생의 마지막 길에 서서 보면 이런 것이 인생의 원천약이 아닌가 싶어서 K 선생의 태도에 수긍이 가기도 하는 것이다.

어느 대학 입시에 맹자의 군자삼락을 물었더니 '주(酒), 색(色), 식(食)'이라는 명답안이 나왔더라는 이야기가 있지마는 이런 것이야말로 인간의 솔직한 욕망을 표현한 정답이라고도 할 수가 있는 것이다.

　이러한 판국이기에 내가 미리 공을 들여놓은 비어홀의 십오 번 아가씨를 K 선생이 눈독을 들이며 양보를 하라기에 나는 선배를 위하는 마음에서 쾌히 승낙을 하였던 것이다. 그 후 두 사람 사이는 급속도로 불이 붙기 시작하여 십오 번 아가씨가 몸이 좀 이상하다고 나에게 진찰을 받으러 왔을 때는 이미 임신 3개월이 되어 있었다.

　이 말을 들은 K 선생은 기쁨에 넘쳐서 모든 책임을 질 터이니 애기를 낳도록 하라고 해서 그녀는 비어홀을 쉬고 비밀 아지트를 얻어서 새 살림을 차렸었다. 그간 두서너 번 그녀는 나를 찾아와서 임신중의 건강진단과 태아의 위치 등을 진찰 받고 가더니 드디어 한 달 전에 우리 병원에 입원을 하고 귀여운 공주님을 낳았다.

　고독한 석양길에 뜻밖에 귀여운 딸을 얻게 된 K 선생의 기쁨은 이만저만이 아니었다. 옥이야 금이야 하고 밤낮으로 애기 옆을 떠나지 않았다. 청자보다 더 맑은 두 눈동자, 백자가 무색할 정도의 살빛, 단계(端溪) 벼루보다도 더 보드라운 살갗, K 선생이 그렇게 좋아하는 골동품의 아름다움이 모두 한데 뭉쳐서 생동하는 한 인간으로 화신, 부활한 것이다.

　일이 여기에서 끝났으면 해피앤드가 되었을 텐데 호사다마라고 공교롭게도 뚱딴지 같은 일이 하나 생겼다. 애기를 어르다가 그 고사리 같은 애기의 오른쪽 중지에서 뜻밖에도 조그마한 사마귀 하나를 K 선생은 발견했다.

어디에서 본 듯한 그 사마귀, "옳지!" 하는 순간에 K 선생의 뇌리에서는 번쩍 불꽃이 이는 듯하였다. 바둑을 함께 둘 때 항상 보아온 우하(雨荷), 그놈의 손가락에 있던 바로 그 사마귀였었다. K 선생은 전신이 떨리고 그의 시인적인 '인스피레이션'은 불꽃을 튀기 시작하였다.

그날 밤 십오 번 아가씨가 근무했던 바로 그 비어홀에 나는 호출을 당해 나가서 마치 죄인처럼 K 선생 앞에 앉았다.

"이놈, 아무리 세상이 썩었기로서니 이런 법이 어디 있노?"

취기와 노기가 한데 뭉친 K 선생의 폭언은 마구 나를 때렸다. 이것은 너무나 억울한 오해다. 그러나 아무리 변명을 해보아도 노기에 찬 선생의 귀에는 내 변명쯤은 마이동풍이었다. 나에게 잘못이 있다면 십오 번이 임신중에 진찰을 받으러 왔기에 내진을 한답시고 두서너 번 그녀의 몸에 내 손가락을 넣어본 죄뿐이다.

나는 이 억울한 누명을 벗기 위하여 요즘 두문불출하고 '임신시에 내진의사의 손가락이 그 태아에 미치는 유전학적인 영향'이라는 테마를 가지고 외국문헌을 조사하고 여러 가지 연구를 거듭하고 있다. 어떤 일이 있더라도 이 억울한 누명만은 꼭 벗어야 하겠다.

김동인이 친구인 염상섭을 모델로 해서 「발가락이 닮았다」라는 소설을 써서 두 분이 절교를 했다는 이야기가 있지마는 이번에 K 선생의 따님과 내 손가락이 닮았다는 데 대한 억측은 너무 생사람을 잡는 억울한 누명임을 만천하에 천명하면서 우하는 절대로 그렇게 의리에 벗어난 놈이 아니라는 것을 여러 친지들에게 밝혀두는 바이다.

의사와 문학

나는 이따금 의사와 수의사의 상위점을 생각해 본다. 또 요즘 의사들은 자신과 수의사의 상위점이나 한계선을 자각하고, 그것에 어떤 보람이나 긍지 같은 것을 느끼고 있는 사람이 과연 몇 사람이나 될 것인가 하는 것을 스스로 반성해 보기도 하는 것이다.

종기를 째고 예방주사를 놓아주고 약을 먹이는 따위 일련의 치료행위쯤이야 의사와 수의사가 조금도 차이가 없는 것이다. 또 인간보다 미천한 동물이기는 하지만 병에 신음하는 귀중한 생명체를 대하는 의인의 마음 역시 의사와 수의사 사이에는 큰 차이가 없을 줄로 믿는다. 그렇다면 의사와 수의사의 다른 것이 무엇인가?

파스칼은 인간을 가리켜 '생각하는 갈대'라고 말하였다. 어떤 철학자는 "나는 생각한다. 고로 나는 존재한다."라고 말하였다.

나는 인간의 병 역시 "인간은 생각한다. 고로 인간은 병을 앓는다."라고 말하고 싶다. 물론 생각하기 이전의 식물이나 동물들에게도 병은 있다. 그러하기 때문에 수의사가 존재하는 것이다. 그러나 인간의 병은 생각하기 때문에, 생각한 이후에 생긴 병인 것이다.

이것은 무슨 형이상학적인 이야기가 아닌 것이다. 19세기 세균성 병인설을 짓밟고 요즘 새로이 학계의 각광을 받고 등장한 한스 셀리 박사의 '스트레스' 학설은 '인간의 병은 생각하는 신경계통의 압박 작용 때문에 생긴다.'는 것을 실험적으로 증명해 주고 있는 것이다.

가까운 예로서 우리나라의 가정주부들에게 가장 많이 발생하는 속앓이라는 병은 일견 과음, 폭식 때문에 생기는 급성 위염과 그 증상이 흡사하나, 그 발병 원인을 깊이 캐어보면 후진적인 우리나라의 가족제도 속에서 파생되는 고부 간의 갈등과 부부 간의 불화 및 몰이해 등이 호소할 곳 없는 여인의 외롭고 연약한 마음을 강박해서 발생하는 병인 것이다.

이러한 복잡 미묘한 정신의 심층 속에서 우러나는 인간의 병은 그것이야말로 가장 인간적인 것이며, 나아가서는 그 병 자체가 곧 인간 그것인지도 모를 일이 아니겠는가? 이러한 인간의 병이 어찌하여 단순한 진통제나 소염제 정도의 약으로써 나아질 수가 있겠는가? 그렇기 때문에 의사가 인간의 병을 진료하기 위해서는 그 병의 주체를 이루고 있는 인간 그 자체의 관찰과 이해 없이는 불가능한 것이다.

이것은 정신의학에 한한 것만이 아니고 일상의학 전반에 걸쳐 적용되는 일이라고 생각된다. 이러한 인간성의 관찰과 이해는 순수한 의학의 힘만으로써는 도저히 불가능한 일이다. 흔히 세상 사람들은 의사를 가리켜 과학자라고 부른다. 그러나 인간의 병을 진료하는 참다운 의사가 되려면 적어도 의사란 과학자의 상아탑 속에서만 안주해서는 안 된다. 의학은 과학이다. 그러나 의사는 순수한 과학자만 되어서는 안 된다.

앙드레 모로아는 일찍이 "의사는 환자를 이해하기 위하여 예술가가 되어야 하며 철학자의 두뇌와 소설가의 눈을 겸하여 가져야 한다."고 말하였다. 또 의사 출신의 세계적인 문호 한스 카로사는 "나는 내 자신이 진실로 의사라고 자각을 하는 것은 환자를 진료할 때가 아니고, 혼자서 조용히 붓을 들고 인생을 관조하는 순간이다."라고 말한 적이 있다.

체호프, 카로사, 모옴, 모리 오가이 등 동서고금을 통해 의사 출신의 많은 문인들이 찬연히 빛나고 있는 것은 '인간성의 모색과 탐구'라는 문학적 과제가 곧 의사의 세계와도 상통되어 있기 때문이 아닌가 생각이 되는 것이다. 체호프의 「6호 병실」, 카로사의 『의사 뷔르겔의 운명』, 쁘르제의 『죽음』 등 의사들이 쓴 불멸의 명작들은 모두가 예술가의 심장과 과학자의 눈으로써 엮어낸 병원체인 인간상의 해부도인 것이다.

체호프는 그의 친구에게 보낸 서한문 속에서 "의학은 나의 아내이며 문학은 나의 연인이다. 나는 이 둘 중에 어느 한쪽도 버릴 수가 없다."고 말하였는데 체호프의 이 말은 아마도 인간의 병을 진료하는 모든 의사들에게 그대로 적용되는 말이 아닌가 생각된다. 의사와 문학을 논함에 있어서 우리들이 잠시라도 잊어버릴 수가 없는 것은 정신분석의학 시조(始祖)인 지그문트 프로이트의 빛나는 공적이다.

피스드의 말을 빌리면 프로이트는 '무의식의 콜럼버스'다. 깊은 잠을 자고 있던 대륙이 콜럼버스에 의하여 눈을 떴듯이, 오랫동안 베일 속에 싸여 있던 인간의 무의식 세계가 프로이트의 출현으로 비로소 빛을 보게 된 것이다.

현대문학이 자연주의 문학의 위태로운 절벽 위에서 길을 잃고 헤맬 때, 프로이트의 심층심리학의 출현은 작가들로 하여금 절망의 자연주의 문학에서 넓고 깊은 무의식의 정신적 내면세계로 눈을 돌리게 해주어, 현대문학에 새로운 활로를 개척, 제시해 주었던 것이다. 인류의 역사를 크리스트를 중심으로 하여 기원 전후로 나누듯이 우리는 한 사람의 정신과 의사 프로이트를 기점으로 하여 세계 문학사를 양분하여 구세기 문학과 신세기 문학으로 대변할 수 있게 된 것이다.

  문인 아닌 한 의사의 업적이 이렇게도 세계문학 사상에 지대한 영향을 끼치고 있는 것을 회고할 때 문학에 관심을 가진 우리 의사들의 마음은 한결 우쭐해지기도 하는 것이다. 문학하는 의사를 가리켜서 흔히들 외도가라고 부른다. 또 그러한 의사들 자신들도 '아웃사이더'나 '딜레땅뜨'로서 자처하는 수가 많다. 그러나 의사와 문학은 그렇게 거리가 먼 것이 아니라고 나는 생각한다. 개인적인 재질만 가지고 있으면 의사와 문학은 가장 가까운 거리에 놓여 있으며 또 같은 울타리 안에 얼굴을 맞대고 살아가는 혈연적인 사이라고 나는 강조하고 싶다.

● 호는 삼락당(三樂堂). 1919년 4월 경남 울산에서 한글학자 외솔 최현배의 아들로 태어났다. 경기중학을 거쳐 세브란스의전을 졸업했다. 경성제국대학 의학부 정신과교실에서 연구하였고, 미국으로 건너가 하버드대학교 부속 메사추세츠 종합병원에서 연구를 계속하였다.

1956년에 국립 청량리뇌병원 원장이 되었고, 1961년에 일본 야마구치대학교 의과대학원에서 의학박사 학위를 받았다. 그 후 귀국하여 연세대학교, 서울대학교, 이화여자대학교, 한양대학교 등에 외래교수로 출강하였다. 신경정신과학회 학회장을 역임했다.

의료문인 단체인 '수석회'와 '박달회'를 만들어 회장을 역임하였다. 정신의학과 관계되는 독특한 수필을 많이 썼다.

저서로는 『제3의 신』(1964), 『내일은 해가 뜬다』(1965), 『외인부대의 마당』(1966), 『태양은 멀다』(1968), 『물가에 앉은 철학』(1977), 『국보 찾아 10만 리』(1985) 등 33권의 수필집과 의학 관련 저서 『노이로제의 치료』(1965), 『의학 속의 신화』(1970) 등을 간행하였다. 2011년 시사출판에서 『최신해 수필전집』(전9권)이 발간되었다.

민박 | 외국어 | 정조도 선물인가 | 앙칼진 숙적
권하고 싶은 책, 셰익스피어의 『햄릿』
머리 | 과잉충성 | 과학적 미신

최신해

崔臣海(1919~1991)

민박

 몇 해 전에 공보부인가 어디서 편지가 왔기에 보니 외국 관광객들을 시민들 집에 민박시키고자 하는데 이 취지에 찬동하는 시민은 다음 조사 사항에 체크를 해서 보내달라는 것이었다. 나에게 온 편지는 쓰레기통에 들어가야만 했다.

 목욕탕이 서양식이냐, 더운물 찬물이 나오느냐, 난로를 때느냐 스팀이냐, 침대는 몇 개나 되느냐, 자가용차가 있느냐는 따위의 질문조항이 20~30개나 되었다.

 외국손님을 민박에 재우는 풍습은 서양이나 미국, 어디나 있는 것임을 나도 알고 있었고, 실제로 나도 미국의 어느 소도시에서 약 3주일간이나 민박이라는 것을 이용한 경험이 있다.

 며칠 전에 공보부에서 또 전화가 걸려왔다는 아내의 말을 들어보니 우리집에 외국손님을 재우지 않겠느냐? 만약에 재울 수가 없다면 저녁 식사를 초대해서 먹이든지, 그것도 안 된다면 다과 정도라도 대접하면서 한국인의 생활을 보여주지 않겠느냐, 회답해 달라고 하더란다.

고관대작과 신흥부호들이 기라성같이 깔려 있는 장안에서, 하필이면 고른다는 게 하찮은 민간개업의사에 지나지 않는 우리집을 선택했는지 그 의도가 무엇인지 짐작은 안 가지만 이런 전화가 걸려왔었다는 아내의 말을 들으면서 민박이라는 제도 자체를 생각해 봤다.

저녁 밥상에 마주 앉아서 아내와 주고받는 말 속에서 내가 미국에서 겪은 민박의 과거로 추억을 더듬어올라간다. 벌써 7년 전….

미국 캔사스 주의 소도시 토페카라는 작은 읍에 메닝거 정신병원이 있는데, 이 병원은 미국에서도 유명한 정신병원일 뿐만 아니라 의과대학을 졸업한 의사들을 모아 정신과 전문의사가 되도록 교육을 시키는 정신병학교가 있어 반 달 동안 그 학교에 나가서 그 제도를 시찰도 하고 강의도 들었다.

보스턴에 있는 유명한 정신과의사의 소개장을 가지고 원장을 만나러 가는 참이어서 낯선 소역에 내리자마자 택시를 잡아탔다. 토페카라는 소도시에 사는 사람들은 메닝거 정신병원 덕택으로 외래객들이 떨어뜨리는 돈의 혜택을 톡톡히 보고 있는 터이어서 외지에서 온 정신병 환자나 그 가족이나 또는 시찰객들에게 퍽 친절하게 대해주었다.

택시를 타자마자 운전사에게

"메닝거 병원은 여기서 먼가요?"

"이십 리쯤 되는데 지금은 아마 진찰이 끝났을 거예요."

하면서 운전사는 말을 이어

"어디로 갈까요?"

"호텔로"

"예약은?"

"없소."

"알 유 어 딱?"

"야~ㅂ."

토페카 시에는 중국요릿집이 두 집뿐이고 일 년 열두 달 노란 황색 인종이 드나드는 일이 별로 없는데, 얼굴 노랗고 키가 작고 안경을 끼고 여름인데도 하얀 와이셔츠에 넥타이를 맨 동양인을 태우고 행색을 보자니 중국인 세탁 장수도 아닐 터이고 넥타이를 맨 것을 보니 중국 요릿집 주인도 아닌 것 같고…. 그렇다면 메닝거 병원을 시찰 온 의사가 분명하구나 하는 추리 끝에 운전사는 나를 보고 의사냐 물어보는 것이었으리라.

미국에서는 의사의 사회적 지위가 상당히 높다. 사회적 지위가 높다는 뜻은 돈을 잘 벌고 따라서 돈이 많은 사람이라는 뜻이고, 돈이 많은 사람이니 남들이 존경을 해준다. 의사라는 직업을 존경해준다기보다는 포켓 속의 돈을 존경해주는 것 이외에 아무것도 아닌 것이다. 두말없이 나를 데려다 준 곳은 토페카에서 제일 좋은 호텔 문 앞. 내 짐을 호텔 안내실 책상 위에 올려놓은 운전사에겐 가난한 내 주머니에서 후한 팁이 주어졌고 따라서 깍듯이 "땡큐 딱." 하며 여느 손님에게 보다도 황송하게 인사를 하고 문을 나서는 운전사를 본 호텔 종업원은 그 호텔에서 좋은 방에 나를 안내해주었다.

방삯은 10불. 나에게는 과하다. 외지에서의 첫날은 좋은 호텔에서 투숙할 필요가 있다. 그 까닭은 다음날 지위 높은 사람을 만날 때 으레 "호텔은 어디에 묵었죠?"라고 물을 때에 내 대답이 근사해시고 따라서 그만한 호텔에 투숙한 동양인이니 조금 보는 눈이 달라지게 마련이다. 만약에 첫날부터 돈을 아껴서 서울로 치자면 청량리역전 싸구려 하숙집에 투숙했다면 다음날 높은 사람들을 만났을 때에 그리 대우를 안 해주는 것과 마찬가지리라.

그날 저녁엔 지방 신문기자와의 인터뷰를 치러야 했다. 정신과 담당기자였는데 그의 지식은 어지간한 의사들 뺨치기에 족하다. 첫날 만날 사람을 만나서 연극효과를 다 냈으니 구태여 계속해서 호텔의 비싼 방에 투숙할 이유가 없어졌기에 대학의 법률교수 집으로 짐을 옮겼다. 민박이라는 것을 이용한 것이다. 재워주고 먹여주고 하루에 2불씩이다.

교수 내외와 아들 하나 딸 하나. 이층 넓은 방이 내 방이 되었다. 아침이면 소학교에 다닌다는 예쁘장한 딸이 이층으로 올라와서 "시간 늦었어요. 닥터 초이. 아침식사 하세요…."라고 고운 소리를 지르곤 한다. 아침을 마치면 현관에서 부인이 나를 부른다.

"빨리 나오세요. 시간이 늦어요."

어느 짬에 부인이 옷을 갈아입고선 자기 차를 운전하여 나를 메닝거까지 데려다주는 것이었다. 그래서 나는 이 주일 동안 이 집안의 호의에 감사하면서 가족 노릇을 하고 온 것이었다.

아내와 얘기를 주고받으면서 이렇게 말했다.

"낯선 외국인들이 우리집엘 왔다간 대문 앞에서 기절해 나자빠질 거라."

아닌 게 아니라 우리집 담과 대문 위에는 철조망이 어마어마하게 겹겹이 쳐 있고 창에는 철창이 달려 있으니 이건 주택이 아니라 토치카다. 형무소다. 도둑이 들어왔을 때마다 철조망은 한 겹씩 높아가야만 했다. 철조망이 높아졌다고 도둑이 못 들어올 리는 없겠지만 정신적인 자위책에 지나지 않음을 알면서도 도둑맞은 뒤에는 외국제 철조망을 사와야만 했다. 우리집뿐만 아니라 동네가 다 이 꼴이다. 하도 도둑이 들어오기에 할 수 없이 강구한 자위책이다. 경찰은 높은 사람 신변보호에만 급급한 탓인지 우리 같은 소시민은 보호해주지 않으니 제각기 자가방위를 완비시키는 수밖에.

"우리집엘 왔다간 꼭 형무소에 들어가는 기분일 거다!"

도대체 민박제도란 호텔이 만원이 되는 경우 생겨난 제도다. 밤중에 호텔에 가자니 모조리 만원일 경우에 역에 있는 안내소에서 민박의 리스트를 보고 찾아가서 여장을 푸는 것이 민박이련만 우리나라에 오는 외인들이 호텔이 만원이 되어서 밖에서 밤을 새웠다는 소리는 아직 들어보지 못했는데 성미 급하게 민박제도를 모방해야 할 이유가 어디 있는지 나는 모르겠다. 바른 말이지, 외국인이 한국에 와서 돈 한 푼 떨어뜨리지 않고서 고스란히 도로 가지고 가버리기 일쑤다. 성냥 한 개비, 담배 한 갑 사주지 않는다. 기념품 하나 사갈 것도 없고 술 한 잔, 국산 콜라 한 병 사주지 않는데 다만 호텔 숙박비는 물고 가는 사람이 있으니 방값만이 유일한 외화획득에 재원이 된다.

한국에 온 일본인은 아양을 떠는 한인들의 장삿속에 싫증을 내어야 하고 매일 저녁 미기들을 옆에 끼고 공짜 술을 마시기에 영일이 없어 돈 한 푼 떨어뜨리지 않고, 돈에 인색한 미국인의 대부분은 한국인의 호텔에 들지 않고 저희들끼리 연줄이 닿는 미국인 집에 가서 자고 미군을 통해 사오는 미국 음식을 먹고 돌아가는 사람이 많다는 소리다.

그러니까 모처럼 한국인이 경영하는 호텔에 투숙하는 외국인이야말로 달러 획득하기에 가장 좋은 손님들인데, 이런 손님들을 왜 민박을 시켜야 하는 것인가? 민박을 시키는 경우에 돈을 얼마 받으라는 설명은 없었지만 미국이나 유럽에서 대개 2달러를 받고들 있다는데 우리의 공정환율로 따져보니 오백 원이니, 이 돈으로 아침을 먹이고 밤을 재워야 하는데, 우선 계란, 빵, 버터, 크림, 햄이나 베이컨, 커피, 설탕은 사야 하지 않는가. 목욕물도 매일 데워야 한다. 시트도 갈아줘야 하고…. 돈보다도 여기에 소요되는 정성이 이만저만하지 않다.

하여간에 이렇게 따져보니, 서울을 찾는 외국인은 우선 호텔에 투숙시키는 동시에, 호텔의 설비와 대우를 국제 수준에 따르도록 해주는 것이 선결문제일 것이며 이 방법이 가장 애국적인 행위가 아니겠는가?

외국어

왜정 때 어떤 일본인 영문학자가 쓴 수필이 생각나는데, 그 사람이 막상 미국엘 가보니 "일본사람들은 어찌나 영어를 못하는지 참 답답할 노릇인데 중국사람은 기가 막히게 영어를 잘 하더라. 그런데 한국 사람들은 귀신이 곡할 정도로 중국인보다 더 잘하더라."는 글이 아직도 내 기억에 남아 있다.

"댓도 이즈 아 비루데잉구(저건 빌딩이다)." 식의 일본인 영어가 미국인에게 이해될 리 만무하다.

18년 전에 내가 미국에 있을 때에 하루는 병원장이 나를 찾는다기에 원장실에 들어서니, 방에는 어떤 동양인이 의자에 앉아있는데 원장 왈

"닥터 초이, 이 사람은 일본서 우리 병원을 시찰 온 손님인데, 소개장도 갖고 왔으니 편의는 봐드려야겠는데, 도무지 무슨 말

을 하는 건지 알아들을 수가 없으니 통역을 좀 해주시오. 닥터 초이도 동양 사람이니 처음 영어를 배울 때엔 이 일본인 닥터와 똑같은 시기를 거쳤을 테니 알아들을 수 있을 게 아니겠소?"

안경을 낀 키가 자그마한 동양인이 나를 보더니 일본인인가 보다 하고 좋아하는 눈치였고, 나는 일부러 "야 아윌 헬프 유우?"라고 영어로 말했더니 이 친구 얼굴이 빨개지는 것이었다.

18년이란 긴 세월이 흘러 파리에 가봤더니, 파리를 쏘다니는 젊은 일본인들의 프랑스 말, 영어가 눈에 띄도록 유창한데 놀라지 않을 수 없었다. 특히 외국의 비행기회사에는 으레 일본인 사원이 있는데 외국어를 잘하며 발음도 유창하다. 젊어서 여러 해 동안 외국에 있었던 탓이겠고 일본인들은 그전에는 패전국민이라고 어깨를 움츠려 눈치만 보던 것이 어느 틈엔가 경제대국으로 변모해 마음놓고 버젓이 외국인을 상대하는 배짱이 늘어 외국어가 유창해진 모양이다. 그러니까 외국어란 별 게 아니라 국력에 비례하는 모양이다.

동양인 중에 외국어를 잘하는 사람이 있기는 있다. 옛날에 미국에서 어떤 정부관계 외교 인사들이 모여 만찬회를 열었는데, 한 동양인 앞에 미국인이 앉았고 미국인 옆에는 묘령의 미국 여인이 앉았다. 그 미국남자는 여자에게 한참 신나게 떠벌이더니 마주 앉아 있는 동양인에게도 대접삼아 한마디쯤 해야지 하고 한다는 소리가 이러했다.

"니디 사라미 이 스피 맛있어 해?"

'스피'는 수프를 일부러 중국인 식으로 서툰 말로 우스갯소리로 한 것이었다.

중국인은 웃고만 있더니 한참 있다가 테이블 스피치 차례가 되자 일어서서 청산유수 같은 영어로 미국과 중국의 우호관계에 대해서 도도하게 일장 연설을 하는 것이었다. 스피치가 끝나 박수를 받으면서 앉자마자 아까 자기에게 조롱의 말을 건네던 미국남자에게 이렇게 말했다.

"니디 사라미 우리 사라미 수피치 좋아했어?"

이 중국인이 누구였냐면 콜럼비아 대학에서 박사학위를 받은 중국의 외무장관 호적(胡適) 박사. 중국인이 외국어를 잘한다지만 역시 서양 사람에는 미치지 못한다.

화약을 발명하여 일약 부자가 된 노벨은 우연히 화약을 발명한 게 아니라 얼마나 열심히 공부를 하는 사람인지 여섯 나라 말을 자유자재로 구사했었다. 어떤 게 자기나라 말인지 구별할 수 없게시리 외국어를 자기나라 말처럼 구사했다. 세계 각국에서 매일 편지가 오는데, 답장은 자기가 아는 여섯 나라 말로 해줘야 했다. 그래서 노벨은 하루에 평균 50통의 편지 답장을 했다. 그러니 문제가 생겨났다. 그건 여섯 나라 말을 받아서 속기를 해줘야 할 비서가 있어야 했기 때문이다.

 그러나 우연히도 한 여성을 만나게 됐는데 이 여성도 노벨 못지않게 6개 국어를 유창하게 말할 줄 아는 사람이어서 안성맞춤 어비서로 채용됐다. 이 여비서는 한동안 일을 잘 하더니 어떤 젊은 귀족과 친해지자 마침 터진 로토(露土)전쟁(러시아와 터키와의 전쟁)에 종군하여 적십자 일을 하다가 돌아와서는 반전 소설을 쓰기 시작하여 일약 명사로 클로즈업되었다.

 그녀가 평화 운동을 하기 위해서는 돈이 필요했다. 노벨을 찾아와서 돈을 보태달라고 졸라대는 것이었다. 노벨은 이 여성의 열의에 갈등하긴 했으나 "평화를 위해서 필요한 것은 돈이 아니라, 효과 있는 플랜이라 생각되오. 당신들의 평화론에는 가스주머니가 너무 큰 게 탈이구먼. 거기에 비하면 내가 발명한 폭약은 전쟁을 하는 사람들을 모조리 서로 죽음으로 몰아넣을 테니, 앞으론 다시 전쟁하겠다는 바보는 안 나타날게요."라고 했다.

 노벨도 나이가 들자 자기가 발명한 폭약 때문에 전쟁이 없어지기는커녕 더 지독한 전쟁이 연발하는지라 그에 대한 죄책감 때문에 노이로제가 생겼다. 밤잠도 못 이루는 날이 계속되자 자기의 죄책감을 씻기 위해 노벨재단을 설립하여 노벨평화상을 수여했던 것이고 문학상이니 의학상이니 하는 것은 나중에 추가한 것이다.

이 노벨이 환갑이 지나자 심장병 증세가 나타났다. 의사가 와서 심장병에 잘 듣는 약이라고 써주는 처방을 받아보니 약 이름은 니트로글리세린이었다. 알다시피 이건 노벨이 발명한 폭약이다. 이 폭약도 극소량을 쓰면 심장병에 잘 들으므로 아직까지 의사들이 애용하고 있다. 자기가 발명한 폭약을 힘써 복용했건만 천명은 거역할 수 없어 그도 63세에 죽었다.

내가 왜 이런 글을 썼는가 하면, 아까 말한 노벨의 여비서같이 여섯 나라 말을 자유롭게 말하고 쓸 만큼 공부를 열심히 해야만, 비로소 좋은 소설을 쓸 수 있는 게 아니겠느냐 해서다.

정조도 선물인가

　충청도 어느 작은 마을에 P라는 청년이 이웃 부락에 볼 일이 있어서 갔것다. 이 청년은 이미 결혼을 하여 처자가 있는 농부인데 시골서 논마지기나 착실히 부쳐서 그 고장에서는 넉넉한 살림을 하고 있는 부류에 드는 농민이다.
　술도 별로 안 하고 시골 청년들이 즐기는 노름에도 별로 관심이 없었다니 이만하면 모범청년에 낄 만하다. 저녁이 되어서 그가 집으로 돌아오려는 판에 그 동네에 소동이 일어났다. 그것은 과년한 처녀가 자살하려고 다량의 수면제를 먹고 의식을 잃은 것을 늦게서야 가족들이 발견한 것이다. 평화롭던 동네가 발칵 뒤집혔다. 의사도 없는 무의촌에서 의사를 불러올 수도 없고 노인들이 제각각 이래라 저래라 하면서 벌집을 쑤셔놓은 것같이 떠들어댔다.

촌색시가 무슨 이유로 독약을 먹었는지는 들었지만 나도 잊어버렸다. 군대생활을 할 때에 군대의 의무부대에서 응급처치를 하는 것을 본 일이 있는 P 청년은 이 처녀를 읍내에 있는 병원으로 곧 데려가야 된다고 우겨대고, 시골 노인들은 이웃마을에서 달구지를 빌려와야 되느니, 소에 싣자면 무엇을 만들어야 되느니 제각기 한마디씩 하면서 어찌할 바를 몰라 떠들어대고 있는 판에 P 청년은 "내가 없고 가마." 하고 의식을 잃은 처녀를 자기가 등에 가까스로 업었다. 그러고는 달음질치듯이 읍내로 뛰어가기 시작했다. 그 뒤에는 처녀의 가족들이 따르고. 읍내는 그 마을에서 삼십 리. P 청년은 체격도 클 뿐 아니라 몸도 어지간히 단단하여 뚝심이 있어 보였다. 하여간 삼십 리 길을 쉬지 않고 달려서 읍내 병원에서 응급치료를 받고 처녀는 소생했다.

이제부터가 이야깃거리이다. 본래 이 청년은 성격이 활달하고 남의 일에 간섭도 잘하고 이 사람 좋다, 저 사람도 좋다는 식으로 사교적인 성격자이다. 불쌍한 사람을 보면 의협심을 발휘하여 도와주려고 덤비기도 하고 사회악에 대해서도 정의감에서 우러나는 공격력을 발휘하기도 했다. 그의 성격이 그러하니 죽어가는 처녀를 전후 가릴 것 없이 등에 업고 달음질친 것이다.

그런데 야단이 났다. 그 사건에 너무 흥분했던 탓인지 그 청년은 그날부터 밤잠도 별로 안 자고 떠들썩하게 만나는 사람마다 붙잡고는 쉴 새 없이 떠들어대기 시작하는 것이었다. 소위 실성했구나 하고 집안사람들이 깨달은 것은 그 사건으로부터 일주일이나 지난 뒤였다. 장정 서너 명이 팔을 붙잡고 있어도 쉴 새 없이 흥분하는 것을 억지로 묶어서 서울까지 데리고 와서 뇌병원에 입원시킨 것이다.

그렇다고 이 사건이 원인이 되어서 정신이상을 일으킨 것은 절대로 아니다. 본래부터 성격이 순환성(循環性) 성격이어서 이런 성격자가 잘 일으키는 마니아라는 정신병이 발생한 것에 지나지 않는다. 평화스럽고 단조로웠던 그날그날의 생활의 연속에서 자기가 사람을 살렸다는 큰 사건에 부딪혔고 뿐만 아니라 무거운 처녀를 등에 업고 삼십 리 길을 뛰었으니 심신의 피로도 컸을 것이고 그래서 밤잠도 제대로 못 자고 떠들썩하게 쉴 새 없이 떠들어대고 노래도 부르고 밥도 잘 안 먹고 이 소리, 저 소리 두서없이 횡설수설하는 것이었다.

이 사건이 직접 병을 발생시킨 원인은 절대로 아니지만 정신내계(精神內界)에 잠복해 있던 마니아의 병적 요소가 유발된 것이리라.

병원에 입원한 뒤에도 꽤 수다스럽게 굴던 환자였지만 입원한 지 오륙 일 뒤부터는 제법 진정되어갔다. 밤잠도 자기 시작했고 횡설수설 떠들어대는 일도 많이 줄어들기 시작하는 판인데 하루는 고향에 있는 그 환자의 어머니와 친척들이 서너 명 병원으로 찾아왔다. 그의 어머니의 말을 들어보니 "멀쩡하던 애가 자살하려는 처녀를 업은 뒤에 실성을 해버려서 하도 답답하고 원통해서 점쟁이에게 물어보니 내 아들에게 그 처녀의 살아 있는 혼이 뒤집어씌워서 그렇게 된 것이니 그 두 사람을 동침시키면 그 병이 나을 것이라고 했다."며 오늘 환자를 데리고 내려가겠다고 했다.

"아닌 게 아니라 애가 집에서 떠들어댈 때도 몇 번인가 그 처녀의 이름을 부르더라…."라고 덧붙이며 무슨 신기한 비방이나 발견한 것처럼, 당연한 것이니 당장 퇴원시키겠다고 야단이었다. 나는 어안이벙벙해질 수밖에 없었다.

"그래, 그 처녀는 이 환자와 동침을 하겠다고 승낙합디까?"

하도 궁금해서 이렇게 물어보니

"아무렴요, 우리 아이가 그 처녀를 살려주었는데 마다하겠습니까? 그 부모들도 다 승낙했지요."

맙소사. 그래서 이 왕고집 구닥다리 사람들에게 입이 닳도록 설명을 해보았다. 그의 병이 결코 처녀를 업고 뛰어서 생긴 것이 아니라는 것, 즉 처녀를 업고 삼십 리 길을 뛰려고 하던 때부터, 다시 말하자면 남의 일에, 그 부모들을 제치고 업고 읍내까지 뛰어가겠다고 덤비던 때부터 마니아의 특유한 병적 성향이 고개를 들고 있었던 것은 짐작이 가는 일이고 그뿐 아니라 보다시피 환자는 현재 병이 많이 나아가고 있는 판이니 좀더 있으면 완쾌할 터인데 하필 그 처녀와 꼭 동침을 시킬 필요가 없다는 것을, 또 만약에 애정 없이 동침을 했다가 만일 아이라도 배면, 그 아이에게도 영향이 좋지 않다고 누누이 설명을 해보았다.

이 환자는 현재 그런 중대한 일을 판단할 만한 정신상태가 되지 못하니, 병이 다 나은 뒤에 상의해 보는 게 어떻겠느냐라고도 말해보았다. 그러나

"그까짓 게 무슨 중대한 일이오. 살려준 처녀하고 하룻밤 같이 자는 것쯤이."라고 한다.

맙소사, 남의 집 처녀 정조쯤은 우리집 부지깽이보다도 대수롭지 않다는 말투다.

그 처녀의 부모는 처음에는 자기 딸을 동침시키기를 꺼려하더니 이 청년의 어머니가 그날 밤을 새워가며 강요하자 나중에는 동의하더라고 덧붙여 말하는 것이었다.

이런 짓이 강간하고 무엇이 다를까 생각해보았다. 처음에는 완강히 거절하던 처녀와 처녀의 부모들이 나중에 가서는 내 아들이 네 딸을 살려주었으니 동침시켜달라고 우기는 환자 어머니의 말에 승낙(?)을 했대서 그것이 강간이 아니라고 말할 수 있을 것인가?

애정 없는 부부 간의 성생활도 강간과 같다고 재판정에서 판결을 내렸다는 영국 얘기를 신문에서 읽은 기억이 난다. 낡아빠진 이상야릇한 보은사상이 미신과 결부되어 이런 일들이 아직 우리나라에서는 생기고 있는 것이다. 남자가 그것도 총각이 정신병에 걸리면 여자를 사서 환자와 동침시키면 정신병이 나을 것이라고 믿고 있는 사람은 서울이나 시골에나 어지간히 많은 모양이다. 환자를 진찰할 때에 가끔 이런 얘기를 들으니 말이다.

정신병이란 결코 여자와 육체관계를 안 해서 생기는 것도 아니고 또 정신병에 걸렸을 때에 횡설수설 지껄이며 여자이름을 불렀다고, 그것이 그 여자와 동침을 못 해서 그것이 원인이 되어 정신병이 된 것도 물론 아니다. 사람은 개나 돼지가 아니다. 이런 짓들을 하고 있는 사람이 이런 사상을 갖고 있는 사람들이 모두 교육을 받지 못한 시골 사람일 것이라고 믿는다면 오해다. 버젓이 여자대학의 배지를 가슴에 달고서도 뇌병원에 입원하고 있는 남자환자에게 자기 정조를 바쳐 병을 고치겠다고 나에게 말한 여자도 있었다. 그녀가 그 환자의 약혼자나 아내는 물론 아니다. 어디다가 정조를 버리지 못해서 가슴 태우는 낭만주의적인 여성들이 상당히 많은 모양이다. 인생을 무슨 얘기나 영화 스토리인 줄 알고 있는 것 같다.

정조관념에 대해 말하면 머리가 돌대가리이거나 답답한 봉건

주의자라고 욕할는지는 모르겠지만 도대체 정조를 몇 개씩이나 갖고 있기에 이렇게 덤핑해 버리는 것일까.

  여권이란 결코 남자들이 자진해서, 싫다는 것을 억지로 주는 것은 아니리라. 여자들이 스스로 노력하여 쟁취해야 할 것이 아니겠는가. 비록 겉으로는 번지르르하게 원피스에 몸을 감고 하이힐을 신었을망정, 머릿속에는 이런 신화 같은 생각을 넣고 있는 한국여성들에게 여권신장이니 남녀동등이니 하는 부르짖음은 아직도 목적이 머나먼 곳에 있는 것이라고 내가 말한다면 여성들은 성만 낼 것인가?

앙칼진 숙적

한국에 온 일인을 환영한답시고 일본 노래를 소리 높여 불렀다는 높은 관리. 일본 손님을 받아야겠다고 『일본어독습』이라는 책을 자랑삼아 팔에 끼고 돌아다니는 기생 접대부. 이와 비슷한 여대생. 창가학회니 천리교니 왜말로 축문을 외워대면서 일본 쪽을 보고 절을 하고 있는 단군의 후손들. 일본의 감정을 완화시키겠다고 아동들의 교과서에서 임진왜란이니 하는 말부터 고쳐야 한다는 문교부도 신문에 보도되었다. 한일국교가 정상화되면 우리의 생활수준이 높아진다는 라디오의 PR. 임진왜적이라는 낱말 대신 임진일본국사사절단이라고나 고쳐보시지.

우리나라에 있는 명승, 고적, 사찰 어디를 가보나 안내문에는 임진왜란 때 왜적의 분탕질로 불탄 것을 중수(重修)한 것이라는 설명이 붙어 있지 않은 곳이 없다. 첩첩산중까지 찾아가서 모조리 불질러 태워버렸던 왜놈들의 잔인성과 파괴성은 그네들의 생리로 체질화된 것이기에 중일전쟁 때에도 중국 방방곡곡에서 약탈, 살인, 방화에 광분했었던 그들이다.

한일국교를 맺는답시고 왜놈 중의 몇몇 놈이 "잘못했다. 후회한다."고 가벼운 입을 놀렸다고 해서 전체 왜놈들이 한국인에 대한 잔인한 침략근성과 과거의 만행을 뉘우치고 있다는 증거이니 우리도 숙원을 잊고 선린해야겠다는 한인이 있는 모양인데, 당장에라도 청량리뇌병원을 찾아와서 지능검사부터 받아야 좋을 것 같다.

유대인을 학살했던 독일인은 뉘우치는 마음이 생겨 유대인이 세운 이스라엘 나라에 막대한 원조를 했고 독일대학생들은 방학 때에 2차대전 중 독일군이 폭격했던 영국의 교회당을 찾아가 벽돌을 나르고 수리도 해주었다는데, 해방 후 20년이 된 오늘날까지 장사군 이외의 왜놈들이 한국에 와서 저희들이 한국 강점기에 벌거숭이산으로 만들어버린 폐허에 나무 한 그루 심겠다고 말이라도 한 것은 한 녀석도 없었다.

신라, 고려, 이조, 한국에 걸쳐서 가장 앙칼지게 우리를 괴롭혔고 이제 또다시 그 짓을 재상연하겠다고 히죽히죽 웃어가면서 김포공항에 내리는 왜인들을, 한국인들은 기쁘다고 마중을 나가고 있다.

우리는 이런 일인들의 과거와 그들의 습성을 우리 자손들에게 가르쳐 줄 의무가 있음에도 불구하고 이웃이니까 잘 사귀자는 선린정신앙양(善隣精神昻揚)에 여념이 없다. 이 세상에서 나와 거리가 가까우니 친하다는 법이 있는 것인가? 나와 가장 가까운 생물은 내 옷 속에 들어 있는 이나 벼룩인데 그렇다면 벼룩은 나와 가장 친한 우정생물이 되느냐 말이다.

우리의 어리석은 선조의 우행(愚行)을 왜 우리는 지금 되풀이해야만 하는 것인가? 우리는 후손에게 우리의 경험에서 얻은 진실을 가르쳐 줌으로써 우리 자손들이 자위책을 터득하도록 교육시켜야 할 것이다. 그러기 위해서는 교육자나 위정자나 모두들 한시바삐 과거에 일본 교육을 받지 않았고 왜놈들의 월급을 받지 않았고 왜놈 임금에게 절을 하지 않았던 사람으로 대체해야 할 것이다. 과거에 학대받았던 개일수록 지독한 옛 주인에게 꼬리치는 법이다. 해방된 지 20년이나 되었으니 왜놈들의 영향을 받지 않은 젊은 층의 사람들이 이 나라를 리드해 나가야 할 것이다. 이런 뜻으로서의 세대교체가 생겨야 할 것이다.

요새 학교에서 교육시키는 도의니 뭐니 하는 효과 없는 허수아비 시간 대신 우리는 대일교육 시간을 넣어서라도 그네들의 과거와 습성과 여기서 연역될 그들의 미래를 우리 자손들에게 교육시키는 일은 어떠한 문교 문제보다도 시급한 문제일 것이다.

권하고 싶은 책,
셰익스피어의 『햄릿』

　영국사람들이 가장 많이 읽는 책은 『성경』, 셰익스피어, 『아라비안나이트』라는 말을 들었는데, 이만큼 영국사람들은 셰익스피어를 사랑한다. 영국 땅 반을 떼어줄망정 셰익스피어는 내놓지 못하겠다고 영국인들이 말할 만큼 유명한 것이라지만, 뜻밖에도 유명한 만큼 그리 널리 읽히지 않는 경향도 있는 모양이다.
　우리나라에도 셰익스피어의 완역 전질이 나온 것은 다행이 아닐 수 없다. 셰익스피어의 완역을 낸 나라는 아직 열 나라가 못 된다는데 우리나라에서 영문학자 김재남 씨의 노고로 그 완역본이 나왔으니, 이 기회에 다시 한 번 셰익스피어를 권하고 싶어진다.
　셰익스피어의 작품은 모두가 진주 같아 그 어느 것을 대표작으로 치기는 곤란하지만 『햄릿』, 『줄리어스 시저』, 『베니스의 상인』, 『맥베드』, 『로미오와 줄리엣』, 『오셀로』 등이 유명하다는데 정신과의사인 나로서는 『햄릿』과 『맥베드』를 첫손에 꼽지 않을 수 없다.

위대한 극작가에 대해서는 아직까지 구구한 억측이 있지만 알려진 한도 안에서 그의 이력은 대강 다음과 같다. 윌리엄 셰익스피어라는 남자는 에이본이라는 강가에 있는 스트렛포드라는 자그마한 농촌에서 태어났다. 교육이라고는 겨우 초등학교를 마치고 집안 심부름을 하다가 열여덟 살에 여덟 살이나 나이가 많은 여성과 결혼을 해서 아이를 낳았다. 말하자면 그 당시엔 평범한 시골사람에 지나지 않았던 모양이다.

스무 살 때에 런던으로 올라와서는 아는 사람이라곤 아무도 없는 도시에서 닥치는 대로 밥벌이를 하다가 우연한 기회에 연극배우가 되었고 자자 이력이 나자 자기 자신이 연극대본을 쓰기 시작했던 것이다. 이렇게 되어 26세부터 23년 동안 걸쳐서 장시 2편, 희극, 비극을 합쳐서 37종이나 썼고 40행시를 154편이나 남기고 52세에 많은 사람들의 존경받는 극작가로 이세상을 떠난 것이다.

그의 작품의 깊이와 높이는 평범한 재주로써는 도저히 알 수 없는 일이라 하여, 그가 무식한 시골 초등학교 졸업생이 아니라 사실은 과학자로서나 법률가로서나 당대에 유명했던 베이컨이라느니, 또는 학자이며 정치가였던 로리였다느니 하는 구구한 억측이 돌고 있지만 이 역시 근거가 있는 것은 못 된 채 오늘에 이르렀다.

서두가 길어졌지만 셰익스피어의 많은 작품 중에서 내가 권하고 싶은 것은 첫째로 『햄릿』이다. 『햄릿』은 셰익스피어의 많은 작품 중에서도 가장 유명한 작품이며, 중학생이 읽어도 재미있고, 학교 선생은 선생대로, 군인은 군인대로, 의사는 의사대로 재미를 발견할 것이며, 노인은 노인대로 또 새로운 감정을 얻을 수 있을 것이다. 햄릿 왕자가 아버지의 원수를 갚기 위하여 거짓 미친 체하는 것이어서, 정신과의사인 나의 뇌리에 두고두고 남은 것인지도 모르겠다.

줄거리를 더듬어보면, 주인공 햄릿은 덴마크 왕의 아들로 태어나 성품이 온후하며 진실성이 있는 청년이다. 학문이나 검술에도 남보다 뛰어났고, 용기와 인정도 많은 청년이다. 우아한 동작과 미목이 수려하며 기지가 넘쳐흐르는 청년이어서 모든 사람들의 흠모를 받아왔다.

그런데 왕의 동생, 그러니까 햄릿의 숙부가 되는 사람이 왕의 자리와 또 아름다운 왕비, 즉 햄릿의 어머니가 탐이 나서 낮잠을 자고 있는 왕을 독살해 버리고선 왕위를 계승하는 동시에 전 왕비 즉 햄릿의 어머니와 결혼을 한다.

햄릿은 아버지의 죽음이 아무리 생각해도 수상하다고 의심하던 차에 아버지의 유령이 나타나서, 자기는 지금의 왕, 즉 자기 동생에게 피살되었으니 나의 원수를 갚아달라고 말하고는 사라진다.

왕자 햄릿은 복수를 하기 위해 거짓 정신병자 흉내를 내면서 드디어 자기 숙부 그러니까 지금 자기 어머니와 살고 있는 왕이 자기 아버지를 죽였다는 확증을 얻어 복수를 맹세한다. 왕은 이 눈치를 채고서 햄릿을 영국 사신으로 보낸다는 간책 아래, 영국 왕에게 햄릿 왕자가 도착하는 대로 죽여버리라는 밀서를 왕자에게 주어 보냈지만 도중에 수상하게 생각한 왕자는 그 편지를 뜯어보고 본국으로 돌아온다.

그 전에 햄릿은 현왕인 줄 잘못 알고 자기의 애인 오필리어의 아버지인 대신을 칼로 찔러 죽였는데 그 대신의 아들은 자기 아버지의 원수인 햄릿 왕자를 죽이려고 현왕과 간책을 꾸미고 칼끝에다 독약을 칠한 칼을 자기가 쥐고, 끝이 무딘 칼은 왕자가 갖게 하여 칼시합을 하게 되었다. 싸움 도중에 칼을 바꿔 쥐게 되었고, 왕비는 자기 아들이 피 흘리는 광경을 보고서는 술잔을 들이마셨는데 그 술이라는 것은 왕이 햄릿을 독살하려고 독을 미리 타둔 술잔이어서 그녀는 죽어버린다.

검술시합에서 대신의 아들 그러니까 햄릿의 친구이며, 햄릿의 애인 오필리어의 오빠를 죽이게 되고 대신의 아들은 죽는 마당에 현왕의 비밀을 폭로하여 햄릿은 그 칼로 드디어 아버지의 원수인 숙부 즉 현왕을 죽여버림으로써 모든 것은 비극으로 끝나는 것이다. 이렇게 하여 햄릿 연극 중에서 주요인물은 죄다 죽어버림으로써 연극은 암담한 막을 내리게 된다.

그러나 이 연극은 세상에서 올바른 길과 반성이 필요하다고 생각하는 동안은 언제까지나 이와 같은 비극은 끊임없이 계속되리라는 것을 암시한다. 진실로 햄릿은 인간 반성의 영원한 심벌로 생각된다.

일찍이 괴테는 이 작품을 평하여 햄릿은 다정다감하고 의지력과 실천력이 약한 청년으로 생각했고 괴테의 작품 『젊은 베르테르의 슬픔』의 주인공인 베르테르형 인물이라고 했다지만 정신과의사인 나로서는 햄릿은 새로운 각도로, 즉 정신분석학상으로도 흥미가 깊은 작품이라고 생각한다. 햄릿이 자기 아버지를 죽인 숙부를 단숨에 죽이지 못하고 왜 그렇게 오랫동안 망설였느냐 하는 문제를 정신분석해 보는 것도 무의미한 것은 아니다.

그 까닭은 햄릿 자신이 정신분석학에서 말하는 오이디푸스 콤플렉스가 강한 사람이었다. 오이디푸스 콤플렉스라는 것은 프로이트의 정신분석학의 기본이 되는 학설 중의 하나로 아들은 누구나 자기 어머니를 사랑하고 자기 아버지는 미워하고 무의식적으로는 현재 자기 어머니를 사랑하고 있는 자기 아버지를 없애버리려는 본능이 있다는 것인데 이 충동을 그리스의 신화에서 이름을 따다가 오이디푸스 콤플렉스라고 이름 지은 것이다.

햄릿은 무의식적으로 아버지를 없애버리고 아름다운 자기 어머니를 독차지하려는 욕구가 강했는데 불행히도 삼촌이 선수를 쳐서 아버지를 죽이고 어머니와 결혼을 하게 되자 한편으로는 삼촌에게 복수를 하자는 마음과 또 한편 자신도 아버지를 죽인 삼촌과 똑같은 죄인이라는 자괴감으로 고민하여 자기 스스로를 벌주는 행위인 정신병자의 흉내를 내어야 했다. 또 한편으로는 현재 자기 어머니와 결혼생활을 하고 있는 삼촌은 자기 아버지와 같은 위치에 있다는, 삼촌과 아버지를 동일시하는 생각으로 그렇게 복수하는 것을 망설였고 고민했던 모양이다.

정신분석학에서는 모든 무의식적 대인관계는 어릴 때의 부모에 대한 관계의 연장, 또는 변형이라고 보고 있다. 아들은 아버지에 대해 존경하는 동시에 반역하는 상반된 이원적 감정을 품는 데 반하여 어머니에 대해서는 무의식적인 마음 바닥에는 성적인 애착을 갖고 있다고 본다. 따라서 아버지의 대리가 되는 사람에는 항상 좋은 것과 나쁜 것 두 가지를 상정하게 되는 것이다. 가령 신, 좋은 임금, 선생, 좋은 선배는 모두 좋은 아버지의 이미지 대표가 되는 것이며, 악마나 외국왕, 적, 원수, 악한들은 모두 나쁜 면의 아버지의 대리가 되는 것이라고 생각한다.

이렇게 나쁜 아버지와 좋은 아버지의 관념을 타파한 것은 자연주의시상이라고 하지만 주관적으로는 타파되어 있는 것은 아닌 것이고 이것은 앞으로 정신분석학이 해야 할 과제일 것이다.

셰익스피어의 명작 『햄릿』은 이런 관점으로 볼 때에 오이디푸스 콤플렉스에 고민하던 착한 아들의 심벌이라고 생각한다.

셰익스피어는 남녀노소 막론하고 누가 읽어도 재미가 있는 것이기에 주저없이 여러분께 권하는 바이다.

머리

꿩을 잡으려고 쫓아가면 다급해진 꿩은 풀 속에다 머리만을 처박고 몸뚱이는 노출시킨 채 제딴에는 위험을 면한 양 엎드려 있는 수가 있다. 벼룩도 마찬가지다.

데모를 하던 학생이 경찰 방망이로 엉덩이를 맞았다면 얘깃 거리가 안 뇌는데 머리통을 맞았을 때에는 신문에 큼지막하게 난다. 싸움을 할 때에도 그렇다. 엉덩이를 맞았다고 고소를 제기하는 사람은 없어도 머리를 맞았으니 치료비와 위자료를 내라고 고소를 하는 수가 많다. 머리를 맞아서 얼마나 정신 상태에 장애를 남겼는지 정신감정을 해달라고 법정에서 나에게 의뢰를 해오는 건수가 매년 상당히 많다.

하여간에 곤충이나 동물이나 머리만은 중요하다고 생각하고 아끼는 모양. 머리통이 크면 똑똑하다고 생각하는 사람도 많은 데 반드시 그런 것도 아니다. 마치 큰 지갑을 가지고 다니는 사람은 부자라고 생각하는 사람의 사고방식과 마찬가지의 논법이다. 그게 사실이라면 버스 여차장이 메고 가는 가방은 큼지막하니까 비스 어차장은 부자라고 생각하는 것과 마찬가지가 아니겠는가?

지금부터 60여 년 전에 영국의 케임브리지 대학의 가르톤 교수가 2,134명의 학생의 머리둘레를 측정하여 그 결과와 학업 성적을 대조해본 데이터가 있는데 일반적으로 머리통이 큰 학생이 학교 성적이 우수했고 반대로 머리통이 작은 학생은 성적이 떨어졌다고 한다.

그러나 이 양반의 주장이 진리는 아니다. 어른의 뇌 무게는 평균 1,300그램 가량 되는데 이 숫자는 서양 사람이나 동양 사람이나 키 큰 사람이나 작은 사람이나 거의 비슷한 것이다. 천재 중에도 뇌의 무게가 아주 가벼운 사람도 있다. 프랑스의 천재 작가 아나톨 프랑스의 뇌 무게는 겨우 1,017그램밖에 안 되어 보통 사람보다 300그램 정도 가벼웠다.

그런 예외적인 것을 빼놓고서는 천재의 뇌는 대개 무거웠던 모양이다. 옛날 러시아의 문호 투르게네프의 뇌 무게는 2,012그램, 시인 바이런은 1,807그램, 철학가 칸트는 1,600그램, 그렇다고 해서 뇌의 무게가 많다고 반드시 천재라는 것은 물론 아니다.

지금까지 보고된 뇌의 무게 중에서 가장 무거웠던 사람은 2,860 그램이나 되었는데 이 사람은 천재였느냐 하면 그렇지 않고 정반대로 백치의 아프리카 토인이었다나. 이 토인의 뇌는 피질이라고 의학에서 부르는 뇌의 거죽이 아주 얇았다고 한다.

뇌의 피질이란 생각하고 감각하고 운동하는 중추가 모인 것인데 이 피질이 발달된 사람일수록 두뇌가 똑똑하고 그 반대로 머리통도 크고 뇌도 무거운 사람일지라도 피질이 잘 발달되지 않으면 이 아프리카 토인같이 백치가 되는 것이다.

뇌의 기능의 발달을 생각해볼 때에 어릴 때부터 많이 사용하는 부분을 중심으로 발달하는 거라고 의학은 증명한다. 아이가 세 살이 되어 지혜가 나기 시작하면 단순한 운동을 맡아보는 뇌 부분 이외의 다른 부분이 발달되는데 가령 자기의식을 형성하는 뇌씨실노 발달되어 가는 것이다.

아이가 더 자라서 6, 7세가 되면 그러니까 초등학교에 들어갈 나이가 되면 뇌의 80%는 이미 발달된다. 뇌가 이만큼 발달되었으니까 바깥 세상에 대해서 호기심을 가져 무엇이든지 알려고 어른들에게 질문도 많이 하는 것이 아니겠는가? 그러니까 이 나이 또래 아이들에게 귀찮다고 아무렇게나 대답을 해준다거나 또는 길가에서 아이들이 쭈그려 앉아 아무렇게나 만들어진 만화책을 보도록 방임해둔다면 이 아이가 커서 꼭 만화 같은 사고방식을 가진 어른이 될 것은 뻔하다.

　인간형성이라든지 사회생활이나 협동정신 같은 것도 그 나이 또래부터 교육을 시작해야 함은 설명의 여지가 없다. 학령기에 이미 뇌의 80%는 발달된다고 앞서 말했는데 그 나머지 20%는 사춘기까지 서서히 발달되어 가는 것이다. 이렇게 사춘기에 들어선 아이는 이미 아이가 아니라, 어른에 가까워진 것을 짐작하리라.

　뇌라는 것은 부모에게서 물려받은 형질 이외에도 자기가 노력하여 올바르게 발달시켜야 비로소 완전한 사람이 되는 것이거늘 어쩌자고 이 나이 또래 소년들에게 인격완성이란 문제는 제쳐놓고 입학시험 공부만 억지로 시키고 있는지 현대 한국의 교육 방침이 한심하기 그지없다.

과잉충성

보스가 시키지도 않고 바라지도 않은 일을 부하가 넘겨짚어서 충성심을 발휘한답시고, 좁은 소견머리로 엉뚱한 짓을 저질러 그 결과가 사회적으로나 경제적으로나 외교적·도덕적인 물의를 자아냈을 때에 이를 부하의 과잉충성이라고 표현하는 것은 현대 한국의 신조어다.

그러나 우리는 이를 냉정하게 비평하는 지성을 잃어서는 안 된다. 이런 경우 충성의 표현이 부정선거나 데모에 대한 발포, 인권유린에 대한 책임 따위의 범죄로도 나타날 것이다.

갖가지 희비극을 빚는 것이 한국 현대식 과잉충성이기도 하며 때로는 과잉충성을 하는 부하가 마치 피에로같이 보여서 한국인은 유머가 많다는 외인의 평을 듣기도 한다. 이럴 때에 있어서 그 충성의 대상이란 우상화된 개인, 즉 보스이기도 하고 또는 강력하다고 믿어지는 오가니제이션(organization)인 경우도 있을 것이고 또는 마력을 지녔다고 광신화된 XX주의도 있는 것이다.

그런데 과잉충성에 대해서 물의가 생겼을 때에는 언제나 보스는 이런 것은 꿈에도 생각하지 않았는데 부하가 지나치게 충성심을 발휘해 저지른 우행이라고 오불관언(吾不關焉)하는 시원스러운 태도를 취하는 것이 한국적이기도 하다. 다시 말하자면 부하의 지나친 충성으로 보스의 입장이 거북해질 때에 보스는 충성을 다한 부하를 만화화하고 희화화시킴으로써 자기입장을 변명하는 도구로 부하의 과잉충성이라는 말을 쓰기도 한다.

그러므로 부하의 과잉충성이 보스를 이롭게 해준 경우에는 절대로 이를 과잉충성이라고 하지 않고, '일 잘하는 부하'라고 해서 보스의 신임이 두터워져 부하는 출세도 하지만, 보스의 입장을 거북하게 해 주는 경우에 한해서만 "그놈 방자란 놈이 공연한 짓을 해서…."라고 발뺌하는 이도령 식의 너털웃음의 전주곡이 되고 마는 것이 과잉충성이기도 하다.

둘째로는 과잉충성을 하는 부하의 심적 준비 상태이다. 과잉충성을 하는 부하는 어디까지나 보스에게 절대 복종할 뿐만이 아니라, 보스의 비위를 맞추겠다고 자아를 버리고 더 큰 마력 속에 흡수되어 가는 자기 스스로를 꿈꾸는 약한 사람들이다. 주연자들은 지성과 이성과 자아를 망각하고 부인하고 포기할 뿐만 아니라, 자기의 소행을 판단하여 비평해줄 현실 환경에서 괴리되어 보스에 대해서 꼭두각시 노릇을 해야 한다. 물론 자기의 과잉충성이 성공하여 보스로부터 인정을 받았을 때에는 출세의 길이 열리는 것인 만큼 과잉충성은 도박의 성질조차 내포하고 있는 것이다.

셋째로는 과잉충성을 요구하는 보스의 암시다. 상관이 무엇을 바라나 '눈치'로 판단해서 과잉충성을 하는 자는 어디까지나 약자이고, 말로나 공문으로는 이런 짓을 시키지 않고 언외로 이것을 바라고 시키는 사람은 바로 보스이지만 앞서 말한 바와 같이 부하의 소행이 자기에게 불리한 경우에만 이를 부하의 과잉충성이라고 고소(苦笑)해 버린다. 따라서 영구적 이익은 보스에게만 일방통행으로 간다. 과잉충성에는 이를 시키는 보스의 욕구와 이를 실행하는 부하 사이의 암묵적인 계약의 성립이 있다. 즉 과잉충성을 받아들이려는 태세와 이를 감행하려는 태세가 맞장구를 치고 있다는 점이다. 그러나 희생은 어디까지나 부하만이 독점해야 한다는 점이 과잉충성에 비극이 내포된다.

넷째로는 과잉충성을 문제삼는 사람이 문제가 된다. 물론 보스의 부하들이나 보스에게서 이익을 직접 받는 사람은 이를 문제로 삼지 않는다. 다만 항상 정권에 대해 야당의 입장에 서기를 즐겨하는 지성인이라는 실속 없고 교만한 인종들이 문제를 삼는다. 그러나 이렇게 약해 보이는 지성인의 입과 손으로 문화라는 것이 이끌려 나가니 세상일은 알다가도 모를 노릇이다.

현대인이 혼자 힘으로 타개해 나가기 뻐근하고 괴로운 현실로부터 도피하려는 경향에는 다음과 같은 것이 있다고 분석한 독일계 정신과의사 후롬이 있다.

첫째로는 사람이 자기의 개인적 자아를 버리고 자기에게는 없다고 생각되는 힘을 얻기 위해서 어떤 권력 속에 자기를 집합시키려는 경향이다. 이 메커니즘은 지배와 복종이라는 형태로 나타난다. 다시 말하면 현대인의 마음속에는 남을 지배해보거나 그렇지 못하면 차라리 남에게 복종하여 마음의 안정을 찾겠다는 심성이 혼재한다.

둘째로는 경쟁대상을 제거하려는 파괴성이고.

셋째로는 자기 자신만이 남달리 독특하다는 자존심을 버리고 나도 남과 같은 사람이라는 데에 안정감을 느끼게 된다는 것이다.

과잉충성을 하는 사람은 어디까지나 약자이고 이 약자는 자기의 약한 처지에 항상 불안을 느끼고 있다. 그리고 불안에서 벗어나 보려고 어떤 광대한 마력을 지닌 초인이나 단체나 이즘에 자기를 용해시켜 버림으로써 그 다음에 올 안정을 얻으려고 몸부림치는 것이다. 과잉충성이란 독재의 그림자이며, 약자에게 상표를 붙여주는 사람은 바로 독재자와 그 대변자들인 것 같다.

　과거에 충식결핍(忠識缺乏)에 시달리던 한민족들이 근자에 와서는 잉여충식(剩餘忠識)이 문제가 되는 모양인데, 단지 충식(忠識)의 이념과 목표가 일척만 더 높아졌으면 하고 바라는 사람들은 지성인이라고 불리는 역사의 관람인들이 아닌가?

과학적 미신

　청량리 뇌병원 6층 옥상에 올라가서 뒤쪽을 내려다보면 무당 집인지 무엇인지는 잘 모르겠는데 가끔 그 집에서 무당이 굿을 하는 것이 보인다. 마루에다가 음식을 차려놓고, 여인 십여 명이 웅성웅성 앉아 있고, 원색 옷을 입은 무당이 칼을 들고 춤을 추고, 쿵작쿵작하는 북소리 같은 것이 들린다. 한두 번이 아니라 가끔 그런 광경이 보이므로, 아마 무당집이려니 하고, 내가 무당집이라고 규정지어 버린 것이다.
　도심지에서는 무당 보기가 귀해졌지만 아직도 서울의 변두리에는 전세기의 유물들이 네 활개를 벌리고 난무하고 있다.
　춤을 추면서 돈벌이하는 여인에는 두 종류가 있다. 하나는 기생이나 댄서같이 상대방 남자들이 주머니에 돈이 두둑하고 기분이 좋을 때 남자들을 기쁘게 해주고 돈을 버는 여인이요 또 하나는 무당이다.

그런데 무당을 불러 굿을 하는 집안에는 대개 중환자가 있든지, 무슨 재앙이 닥쳐올 거라는 공포심에 떨고 있는 사람들이 있다. 다시 말하자면 무당이 춤을 추고 있는 집은 슬픈 집안이요, 거기다 경제적으로 가난한 집안이다. 무당은 이런 가난과 무지의 틈바구니를 파고들어가 가뜩이나 두려워하는 가난한 사람을 협박하여 털어먹고 산다.

기생은 두툼한 주머니를 털어서 살고, 무당은 가난한 쌀자루를 기름짜서 먹고 산다. 기생은 일시나마 남자에게 기쁨을 안겨주지만, 무당은 비참을 안겨주고, 그 대신 자기는 돈을 한아름 안고 간다. 과학이 발달하면 미신이 없어질 것이라고들 말한다. 그러나 아무리 과학이 발달되어 가도, 미신은 과학의 새로운 지식을 도입하고 과학으로 무장하여 연달아 새 것이 생기게 마련이다.

과학이라는 큰 나무그늘에 독버섯같이 피어나는 것이 요사이의 미신이다. 사람의 습속이란 자연적으로 추이해 가게 마련이지 인위적으로 고칠 수는 없는 것인지도 모르겠다. 사람의 두뇌는 좌우 똑같은 두 개의 반구로 되어 있는 아마 한쪽 반구에는 과학이 들어 있고, 다른 한쪽의 반구는 미신이 점령하고 있나 보다.

사람의 정신문화는 2층집과 비슷한 거라고 한다. 이성으로 처리할 수 있는 부분은 양지바른 2층이고, 어두컴컴한 아래층은 이성으로 처리할 수 없는 부분이어서 여기에 미신이 파고들어 와서 사는 것이다. 그렇다고 밖에서나 길가에서 보기에는 담 때문에 아래층은 잘 안 보이고 2층은 잘 보인다. 그러므로 거죽에서 보기에 저 사람의 마음속에 어느 정도의 미신이 들어 있는지 옆의 사람은 모르는 것이다.

그러나 아래층 없는 2층은 있을 수 없듯이 미신 위에 서 있지 않는 근대 한국의 지성은 없는 것 같다. 그렇다고 그 흉악한 아래층을 헐어버리려고 덤벼들면 2층마저 무너지고야 만다. 들리는 말에 서울 장안의 유명하다는 점쟁이 집에 국회의원이나 고관대작들이, 그 아낙네들이 뻔질나게 찾아가 점을 쳐서 그 점괘에 따라서 정치를 하였다니 가관이 아닐 수 없다.

미신이 과학과 손을 잡으면 그 영향력이 상당히 강해진다. 2, 3년 전까지도 팔목에 끼는 자석팔찌라는 게 대유행하여 고관들이 번쩍번쩍하게 팔목에 끼고 다녔었다. 홍콩제니 어디제니 하고들 팔목에 끼고 다녔지만 기실 전부가 약삭빠른 일본인들이 만든 일제였다. 그것을 끼면 혈압이 내린다고들 믿었다.

일본에서는 자석을 넣은 팔찌나, 반지, 허리띠, 베개 따위의 십여 종을 만들어서 팔기 시작하여 일대 붐을 일으키자 일본정

부의 후생성에서는 그 의료효과를 검토하는 특별위원회를 만들려고 의과대학 교수들에게 의뢰했더니 모두들 콧방귀를 뀌면서 사양하는 바람에 특별위원회는 유회가 되었다. 그러자 그것이 한푼어치의 가치도 없음을 대중들이 자각하게 되자, 팔다 남은 찌꺼기를 홍콩이고 어디고 간에 마구 덤핑한 것을 한국 상인들이 사와서는 높은 사람들의 팔목을 장식하고야 말았다. 옛날에 서양에서 노예의 팔에 쇠고리를 채웠듯이, 패전 일본은 한국의 고관 팔에 과학적 노예라는 표시의 쇠고리를 채웠으니 어찌 부끄럽지 않겠는가.

이밖에도 과학이라는 가면을 뒤집어쓴 미신은 끊임없이 우리 앞에 나타난다. 이런 미신은 으레 병에 걸려서 고생하는 사람들의 피를 빨아먹고자 덤벼든다. 이 미신이 기계로 되어 나타나기도 하고 약으로 되어 나타나기도 하고, 종교라는 가면을 쓰고 유혹도 한다. 그것만 믿으면 만병이 다 낫는다는 식으로.

미신이 없다면 세상이 좀 섭섭할 테니 이왕이면 궁상맞게 환자들의 호주머니를 털어먹는 미신보다는 큰 부자를 털어먹는 미신이 횡행하면 유쾌하련만.

● 대전 출생. 경성제국대, 서울대 의과대학, 동대학원내과학과 졸업. 동대학병원 근무. 서울대 의학박사 학위취득. 서독 함부르크 대학 핵의학 수학. 원자력병원장.

간결한 필치로 풍자와 해학을 담은 수필을 남김. 한국수필가협회 회원. 한국문인협회 회원.

수필집으로 『눈사람』, 『속상한 원숭이』, 『낮은 목소리』, 『청진기 야화』 등이 있다.

외상진찰 | 사깃니 | 추억의 바이올린
업둥이 | 머리카락 | 어느 인턴
심기불편 | 여(女)와 남(男)

이장규

李章圭(1926~1985)

외상 진찰

어느 한 백발 노신사를 진찰한 적이 있다.

"노가다들하고 쇠주깨나 퍼 마셨으니 아마 망가진 데도 많을 것이오. 죽을병은 없는지 잘 보아주시오."

모든 검사 성적으로 보아 '망가진' 데는 별로 없었다.

"진찰비는 얼마요?"

"외상으로 치부해 두겠습니다."

내가 일하고 있는 연구소는 너무나 비좁아 한때 대일청구권 자금으로 들여온 연구기기가 병실까지 잡아먹었고, 그나마 모자라 복도는 마치 전시장 같은 형편이었다. 즐비하게 늘어선 궤짝들을 보고 어느 신문 기자는 '귀중한 장비 사장'이라고 대서특필했다. 환자들, 특히 마지막 살길을 찾아 여기에 오는 환자들은 하루에 2백 명을 헤아렸다. 그들은 앉을 자리가 없어 가족들 팔에 매달려 간신히 몸을 지탱했고 그런 모습을 보는 내 가슴은 늘 아팠다.

앞서 진찰받은 그 노신사는 정부 예산을 주름잡는 주무장관이자 부총리인 T씨. 그의 권유에 따라 차관, 차관보, 국장, 과장까지 모두 건강 진단을 받았다. 그들 건강은 내가 요구하는 연구소 신축을 위한 서류에 도장 하나 찍을 만한 기운은 모두 가지고 있었다. 연구소 확장 계획서를 들고 찾아간 나를 보자 차관은 국장을 불러 서릿발 같은 엄명을 내렸다.

"자네 까마득한 선배이시다. 신축을 위한 돈은 무슨 일이 있어도 꼭 드리도록!"

차관 역시 까마득할 정도는 아니었지만 내 중학교 후배였다.

경제기획원 회의실 예산 최종 심의회. 내가 들어서자 T 장관은 놀란 표정으로 물었다.

"아, 선생님, 이거 웬일이세요. 선생님도 돈이 필요하십니까?"

회의장 가운데 앉은 T 장관 우측에는 과학기술처장, 차관과 우리가 자리잡았고, 좌측에는 한때 나한테 꾹꾹 배꼽을 눌렸던 '돈보따리'들이 기라성같이 앉아 있었다.

"여러분은 경제기획원장관인 나를 굉장히 높은 벼슬아치로 알고 있소. 나도 그 높은 자리에 있을 때 여러분에게 선심을 쓰고 싶소. 하지만 지금 처해 있는 나라 형편이…"

우리가 요구한 예산은 무참하게 깎여 나갔다. '돈보따리'들이 모두 사디스트로 보였다. 내 차례가 왔다. 장관은 차관에게 눈짓을 했고 그 눈짓은 국장에게 인계되었다. 국장과 장관은 잠시 귀엣말을 주고받았다. 차관은 잠시 머뭇거리더니

"저도 보았습니다만, 연구소 사정은 참 딱하더군요. 그러나 신규 사업은 일체 불허한다는 상부 지시라…. 내년엔 기채(起債)라도 해서 꼭 도와드릴까 합니다."

차관은 힐끔 나를 쳐다보았다.

분명한 식언이었다. 나는 벌떡 일어섰다.

"장관님! 전번 외상진찰비를 청구하겠습니다."

무슨 영문인지 몰라 회의장에는 잠시 서먹한 공기가 흘렀다.

"외상진찰비? 허허허…. 암, 드려야지. 얼마요?"

"1억 원입니다."

호주머니에서 돈 꺼내는 시늉을 하던 T 장관은 순간 파안일소. 좌중에는 폭소가 터져나왔다. 웃지 않았던 사람은 단 하나, 나. 아, 돈! 그게 도대체 무엇이기에 오늘 또 나는 그 가족들 팔에 매달려 있을 가련한 암 환자들의 모습을 보아야만 하는가.

사짓니

어려서 이를 갈 때 어머님은 으레 흔들리는 내 이에 실을 감고 잡아당기셨다. 신통하게도 잘 빠졌던 이, 어머님은 아랫니는 앞마당 지붕 위로, 윗니는 뒷마당 지붕 위로 내던지시면서 내 이가 빨리 그리고 곱게 새로 나길 비셨다. 그 간절한 소원도 보람 없이 새로 나온 이는 얼마 안 가서 망가지기 시작했고, 그래서 깍두기만 있으면 밥을 먹던 나였지만 어느새 깍두기와는 인연이 멀어지고 말았다.

그나마 깍두기는 아예 구경도 할 수 없는 외국에 갈 때마다 이는 심통을 부리는 것이었다. 뉴욕에서는 수프로, 모나코에서는 오트밀만으로 삼시 세 끼를 때웠다. 친구인 치과대학장에게 진찰을 받았더니 대뜸 하는 말이

"엉망이군. 학생 실습감으로 십상이다…."

관비(官費) 환자가 된 나는 대여섯 명 학생들에 둘러싸여 치료를 받게 되었다. "아야"를 연발하면서 식은땀을 주르르 흘리고 있는 나를 그들은 마치 사자에 물려 뜯기는 순교자를 보는 로마사람들처럼 지켜보고 있었다. 치료가 끝나 내 입천장에 철판대기가 하나 끼워지자 올챙이 치과의사들은 좋은 구경이나 했다는 듯 자리를 뜨면서 "선생님 엄살 대단하신데요." 하는 것이었다.

월요일 아침에 휘파람을 부는 월급쟁이는 아마 없을 것이다. 나의 우울한 월요일은 입천장에 그 철판대기를 끼우는 것으로 시작된다. 토요일이 즐거운 것은 월급쟁이의 통성, 내 토요일이 즐거운 것은 그 철판대기를 내팽개칠 수 있기 때문이다.

언제였던가. 낚시터에서 그 철판대기가 역겨워 호주머니 속에 뽑아 넣었던 것이 잘못이었다.

집에 돌아오는 길, 그놈은 다시는 내 입천장에 달라붙질 않았다. 아마 낚싯대를 연거푸 던지는 동안 어딘가가 좀 찌그러졌던 모양이다. '차라리 잘되었구나' 싶었다. 이 얼마나 시원한 노릇이냐! 별로 웃을 일도 없는 세상, 웃지만 않으면 될 게 아닌가. 보기 흉하다고 아내는 성화였지만 나는 들은 척도 하지 않았다.

치과에 가는 것은 질색이다. 더군다나 학생 실습감이 되는 것은 질색이다. 고주파를 쓰기 때문에 조금도 아프지 않다고 치과

의사는 꼬드기지만 고주파고 저주파고 간에 뇌수에 착암기를 들이대는 그 잔인성, 치과의 치료대가 형틀과 다를 것이 무엇인가.

이가 좋은 것은 오복의 하나라고 했다. 무엇이 오복인지 잘 모르지만 어차피 오복을 누리긴 이미 틀린 몸, 붉은 입술 흰 이[丹脣皓齒]의 미인이 이제 나에게 무슨 소용이란 말인가. 나는 두뇌 노동자다. 이런 생각과는 달리 만나는 사람마다 성가시도록 "늙으셨네요." 하는 것이다.

그뿐인가, 얼마 전 국제회의에 참석했을 때 오랜만에 만난 캐나다 친구가 내 얼굴을 한참 살피더니 "치약이 덜 들어 좋겠군…." 하는 것이다. 그것까지는 좋았다. 어느 날 내 수필집을 사 가지고 사인을 청하러 온 예쁜 아가씨가 나를 보더니 별안간 울기 시작하는 것이다.

"전, 선생님이 그렇게 이 빠진 분인 줄 몰랐어요!"

치과의사 C 박사는 어지간히 무뚝뚝했다.

"형편없군. 아스완 댐 공사만큼이나 힘들겠는 걸…."

아니나 다를까. 난공사였다. 자유자재로 그 고주파라는 걸 구사하면서 C 박사는 세 시간의 난공사 끝에 내 이를 원숭이 이빨같이 갈아놓고 말았다. 코끼리발만한 그의 손이 들락날락하는 바람에 입술은 터져 선혈이 낭자하게 흘러내렸다. 예쁜 간호원 아가씨가 꼭 쥐어주는 그 따뜻한 손길만 없었더라면 아마 틀림없이 기절했을 것이다. 간호원 아가씨의 손길은 실오라기 하나로 내 아픈 이를 뽑아주셨던 어머니의 그것과 상통하는 것이었다.

그날부터 나는 꼬박 사흘을 수프나 오트밀보다 못한 미음만으로 살았다. 그것이 또 탈이었던지 심한 변비에 걸려 출산에 비길 만한 고역을 치르기도 했고 며칠 후 내 입천장에는 한동안 잊었던 그 지긋지긋한 철판대기가 또다시 붙었다.

"게리 쿠퍼같이 되었군…."

자못 만족스러운 듯 C 박사는 웃었지만 나는 울고 싶은 심정이었다.

거울에 비친 새하얀 사깃니! 게리 쿠퍼는 좋았으나 그것은 마치 짐승의 이빨을 연상케 하는 것이었다. 이어 C 박사는 씹어보라는 명령을 내렸다. 잘되질 않았다.

"허, 씹는 것도 잊었군."

무슨 핀잔이 또 나올까 두려워 나는 열심히 씹는 연습을 했다. 사흘 후 내 입천장이 그 철판대기에 익숙해졌을 무렵 나는 조심스레 깍두기 하나를 씹어보았다. 와삭. 또 씹어보았다. 와사삭. 실로 몇 년 만이었던가! 그 소리는 연인의 속삭임을 연상케 하는 것이었다. 이젠 치약도 듬뿍 들 것이다. 이젠 사인을 받으러 온 아가씨를 실망시키지 않아도 될 것이고 그리고 또 이젠 그 형틀에 다시는 올라가지 않아도 될 것이다.

추억의 바이올린

어렸을 적, 한산했던 서울 거리에 흐르던 약장수 바이올린 선율은 나를 매혹시켰다.

해방이 되자 본토로 돌아가는 일본인들이 버리고 간 물건이 시장바닥에 쏟아져 나왔다. 호주머니를 털어 싸구려 바이올린을 하나 샀다. 일본제 스즈키 바이올린이라기보다는 깡깡이라고 부르는 게 나았을 것이다. 그때 내 나이 열아홉, 대학 예과 졸업반이었다.

무턱대고 긁어댔다. 그 소리에 질려 상을 찌푸리던 식구들도 일 년쯤 지나니까 완전 면역이 되었던지 자못 평화스러운 표정으로 바뀌었다.

학부에 진학했을 때 이른바 국대안 파동으로 해서 대학은 혼란의 도가니에 빠졌고 휴교 조치까지 내려졌다. 그래서 나는 군

정청 보건사회부 통역사로 취직을 했다. 차라리 잘되었구나 싶었다. 등록금이라도 벌자는 것. 주변머리 없던 부친의 호주머니는 늘 찬바람이 일고 있었기 때문이었다.

그 당시 사무실에 들락날락하는 한 젊은 바이올리니스트가 있었다. 나중에 그가 내 바이올린 선생이 되고, 내가 그의 영어 선생이 된 것은 기연(奇緣)이 아닐 수 없다. 악기를 바꿨으면 하는 그의 눈치를 챈 나는 한 달치 봉급을 몽땅 털어 모처럼 구했던 다섯 권짜리 독일어판 해부학 교과서를 내다 팔았다. 얼마 뒤 나는 사이언티스트 오케스트라 단원이 되었고 급기야는 꿈에 그리던 제1바이올린 주자로까지 올라갔다.

「시인과 농부」 초입부 연주에서 E선 꼭대기가 짚이지 않아 애 먹었던 추억. 선생끼리 배우는, 학생끼리 가르치는 이 공부는 6·25 동란이 터질 때까지 근 5년간 계속되었다. 마지막 받았던 레슨은 「스프링 소나타」.

중공군이 서울에 육박하고 있을 때 나는 선친의 친구였던 R 국장 지프에 편승, 남하했다. 이불을 지프 지붕에 실을 정도였으니 '바이올린도!'라는 말은 목구멍까지 올라왔다가 가라앉았다.

그때 서울대학병원은 제주도 한림에까지 후퇴했다. 진료는 오전 중, 그래서 오후만 되면 바닷가에 나가 육지를, 식구를, 집을 그리고 바이올린을 그리워했다. 간호사들이 붙여준 내 별명은 '약장수'. 가끔 미친 듯 빈손으로 바이올린 연주를 하는 내 모습을 훔쳐본 모양이었다.

이듬해 몹시도 추웠던 그 어느 날, 나는 인기척 없는 서울 거리를 달리고 있었다. 한시바삐 그 바이올린을 되찾기 위해서였다. 방에 들어서는 순간 눈물이 핑 돌았다. 바이올린은 산산조각이 난 채 방 한구석에 내동댕이쳐져 있었던 것이다. 후퇴하면서 총개머리판으로 짓이긴 듯, 그 처참한 잔해는 시신을 방불케 했고 교과서까지 내다 판 쓰라림을 되살아나게 했다.

2년이 지났다. 공군 군의가 된 나는 여전히 빈손으로 바이올린을 연주하고 있었다. 그 소식을 전해들은 이종찬 장군이 소싯적 당신이 아껴 간직했다는 바이올린을 보내주었다. 바이올린 수학차 청운의 뜻을 품고 현해탄을 건넜던 장군은 어쩌다 군도를 잡게 되었고 마침내는 명장이 된 것이다.

세월은 흘렀다. 셋방살이 시절 내 바이올린 소리에 깜짝깜짝 놀라 단잠을 설치던 갓난아이가 어느덧 자라 동아음악콩쿠르 바이올린 부문에서 1등을 차지하게 되었다. 아들은 지금 미국에서 바이올린 공부를 하고 있다. 대를 물린 셈이다.

미국에서 온 아들의 편지다.

작년, 집에서 지냈던 크리스마스가 생각나는군요. 집안 음악

회가 퍽 멋있었다고 기억합니다. 올해는 제가 없으니 아버지가 대신 바이올린을 맡으셨으면 합니다. 한때는 날리셨다고 늘 말씀하시잖았어요. 제가 듣기에도 약주를 안 드셨으면…. 제법 음정도 정확하시던데요. 기분 먼저 내시느라 템포가 틀려서 사고지….

얼마 전 나는 20여 년 만에 그 바이올린을 장군에게 반납했다. 추억의 바이올린!
"한 곡 들려주시겠소?"
백발이 성성한 퇴역 장군 앞에서 나는 「수브니어(추억)」를 연주했다. 이제 바이올리니스트도 퇴역하는 것이다.

업둥이

　우리집에는 자짜리 붕어 한 마리가 있다. 마당 연못에 있는 것이 아니라 응접실 벽에 걸려 있다. 어탁이 아니라 박제. 그 자짜리가 처음 우리집에 들어왔을 때 모실 만한 자리가 없어 무척 애를 먹었다. 응접실 세간을 몇 개 내놓을 수밖에 없었다.
　자그마치 42.3센티! 딱 벌린 입은 야구공이 들락날락할 만했고 꼬리지느러미는 빗자루만 했다. 비늘은 바둑알 만했고 엉뚱하게도 배에 뿔이 하나 솟아나 있었다. 아이들은 놀라서 그 붕어만큼 입을 딱 벌렸고 아내는 징그럽다고 외면을 했고 나는 엄청난 고민에 휩싸였다.
　그걸 내가 잡지 않았다는 사실을 누구보다도 잘 알고 있는 것은 식구들이었다. 만약 낚시터에서 저런 초대어를 낚았다면 당장 내 이름 석 자와 어쩌면 사진까지도 신문에 실렸을 것이다.

다행히 나는 유명인이 아닌데다 개인플레이어다. 나는 그걸 내가 잡은 것으로 꾸미고 싶었다.

어차피 낚시꾼의 거짓말은 천하가 다 아는 노릇이 아닌가. 낚싯줄을 드리운 지 십 년하고도 수삼 년이 지났건만 아직껏 자짜리 한 번 걸어보지 못한 신세. 연전에 전방 삼정수로에서 아홉 치 아홉 푼짜리 두 마리를 낚아 혹시나 하고 수십 번 재보았으나 결국 자짜리는 아니었고 그래서 연못에다 길러 자짜리로 만들려던 꿈도 산산이 깨지고 말았던 것이다. 아침에 깨어나 연못을 들여다보니 아뿔싸! 피투성이가 된 두 시체가 둥둥 떠 있지 않는가.

들통이 날 땐 나더라도 일단은 저것을 내가 잡은 것으로 만들고야 말겠다! 역사적 사실을 기록할 때에는 으레 오하(五何) 원칙을 쓰게 마련이다. 누가 언제 어디서 무엇을 어떻게? 내가 초여름 저수지에서 저것을 낚싯대로 잡았다! 시나리오의 초안은 되었으나 좀더 박진감에 넘치는 대사가 필요했다. 그러다 보니 두고두고 한스러운 것은 그놈의 덩치가 너무나도 크다는 것이었다. 마치 다이아몬드반지가 너무 커서 주체를 못하는 거나 마찬가지였다.

'누가'는 물론 나지만 '언제'는 몇 월, 며칠, 몇 시, 몇 분까지 기록해야 한다. '어디서'는 저런 초대어가 서식할 만한 저수지를 고르되 상, 중, 하류의 어느 지점, 수심, 기온, 풍향, 몇 호 줄에 무슨 바늘 등도 기록되어야 할 것이다. '무엇을'은 저것이면 되겠고 '어떻게'는 세 칸 글라스 롯드로, 뜰채 없이 천신만고 끝에 걸어올렸다. 사족으로 '머리통이 너무 커서 살림 그물은 무용지물이 되었다' 쯤으로 해두면 더욱 멋이 있을 것 같았다.

이쯤 되니 점차 나는 그 자짜리를 진짜 내가 올린 것으로 착각하게 되었고 심지어는 꿈속에서까지 그것을 올리느라 선전분투하고 있는 내 모습을 볼 수 있게 된 것이다. 뭇 낚시꾼들이 숨을 죽인 채 나를 지켜보고 있었다.

"손님이 많아지겠군요. 위스키도 없는데…."

조우 P 교수가 갑사 저수지에서 자짜리를 올린 것은 이미 수삼 년 전의 일이다. 대학 선배이긴 하지만 낚시로 치면 그는 내게 까마득한 후배였던 것이다. 그가 자까리를 올렸다는 소문은 도무지 믿어지지 않았지만 동행한 H 총장이 목격했다니 어찌할 수 없는 노릇이었다.

"내가 잡은 자짜리! 한 번 알현하러 오지 않겠소?"

사뭇 득의에 찬 그의 목소리가 전화통을 울렸다. 문제의 갑사 붕어는 포르말린 병에 담겨 있었다. 분명 자짜리였다.

"허 박사, 자짜리를 감상하는 감상이 어떻소?"

유구무언이었다. 허 박사는 내 별명, 하고한 날 허탕만 친다

해서 진상받은 것이다. 사실, 물 반 고기 반이라는 저수지에서 낚는 거나 청계천에서 낚는 거나 나에게는 매일반이었다.

"확인했음 됐어. 여보! 거, 위스키 한 잔!"

P 교수가 월척 조사가 되었다는 소문은 당장 학내에 퍼졌고, 그래서 너도 나도 그 포르말린병을 구경하느라 P 교수댁 문을 두들겼다는 것이다. 구경해준 대가로 위스키 한 잔, 벌써 몇 병째라고 P 교수 부인은 울상을 지었다.

"내사 진짜 자짜리가 걸릴 줄은 몰랐어. 하도 피라미 성화가 심해 만사 집어치우고 한잠 자려는데 갑자기 찌가 솟아오르잖아. 자짜리 공작찌가 끝까지 솟아오르더군. 참 멋있었어. 탁 하고 채니 우지직! 당신도 진작 그 희열을 맛보았어야 하는 건데…."

나는 위스키를 들이켰다.

"미칠 노릇이었어. 힘이 장사더군. 얼마를 승강이했던가. 뜰채가 없었더라면 아마 놓쳤을 거야."

나는 P 교수가 그렇게도 만족스러워하는 표정을 일찍이 본 적이 없었다. 벌써 위스키가 몇 병째라니 그는 저렇게 몇십 번이고 행복한 순간을 가졌을 것이 아닌가.

"포르말린에 담가두면 오므라들 텐데요?"

"자짜리 이하로 오므라들 때까지 위스키는 지탱할걸."

"이젠 허전하겠습니다. 낚신, 장기나 연애와 마찬가지로 프로세스를 즐기는 도락. 궁이나 여자를 몰아붙이고 굴복시키는 재미지 일단 내 것이 되고 난 다음에야 거추장스런 존재가 되는 게 아닙니까? 자짜리도 일단 잡고 나면….'

"무슨 소리야. 자짜리 못 잡아 배가 아픔 아프다 할 것이지 궁이고 여자고 자짜리고 간에 우선 내 걸로 만들고 보는 거야!"

아내는 내가 그 업둥이 자짜리로 해서 손님을 초대하고 알현시키고 누구 모양 위스키 대접을 하지 않을까 하고 걱정했던 것이다. 하기야 내 인심은 P 교수보다 훨씬 더 후한 편이니 위스키 한 잔으로 끝나지 않을 것이다. 그러나 내 자짜리는 업둥인 걸 어찌하랴. 그래도 아내는 온 동네부인이 "어머나 저렇게 큰 조기도 있어요? 거 참 소담하다…." 했을 때

"아니, 저건 조기가 아니라 붕어예요. 주인이 낚은 거랍니다. 우지지직, 어찌나 요동을 치는지 팔이 부러질 뻔했대요." 하고 서슴없는 거짓말을 했다는 것이다. 역시 낚시꾼 마누라다.

뭐, 우지직도 아니고 우지지직이라고? 또 뭐, 대도 아니고 팔이 부러질 뻔했다고? 어쨌든 내 시나리오는 P 교수 것보다 훨씬 더 멋있는 것으로 만들어지고 있었다.

사실 업둥이가 우리집에 들어온 사연은 이렇다. 어느 신문사 낚시란을 담당하고 있는 A기자가 나더러 『낚시 에세이』를 맡아

달라고 매달렸다. 나는 거절했다. 낚시 할 시간도 모자라 안달인데 그 시시한 글을 쓰는 동안 자짜리 한 마리는 능히 놓칠 수 있는 노릇이 아닌가.

도대체 낚시 에세이란 글러먹은 것이다. 내용이 뻐하다. '재미를 보았다 못 보았다.' 하는 두 가지 중 하나가 아닌가. 적어도 업둥이 자짜리를 놓고 이렇게까지 심각하게 고민하는 한 인간상을 부각시키는 것이라야 될 것이다. 그 자짜리는 A기자의 뇌물이었던 것이다.

드디어 손님이 하나 왔다. 낚시꾼이었다. 아내도 나도 긴장을 했다. 그는 업둥이 앞에서 잠시 놀란 듯 멈칫하더니, 이내 "으아하하… 청계천에도 제법 큰 놈이 있는걸! 으아하하… 아이구 내 배꼽!"

그는 배꼽을 쥐더니 제법 나자빠지는 시늉까지 하는 것이다. 그 박진감에 넘치는 포복절도를 내가 부축했다. 초전박살이란 바로 이런 걸 두고 한 말일 게다. 그저 울고 싶은 심정이었다. 나발을 불지 않겠다는 다짐을 받느라 위스키 한 병을 날렸다. 저 업둥이 녀석의 덩치가 조금만 더 작았던들 한 잔으로 일은 끝났을 텐데….

아내가 위로해 주었다.

"피에로 씨! 비관할 건 없어요. 제 친구들은 잘 넘어가거든요. 술값도 들지 않을 거구….”

머리카락

 누구나 다 아는 오 헨리 작 「현자(賢者)의 선물」, 가난한 부부 데라와 짐은 서로 상대의 크리스마스 선물을 곰곰이 생각한다. 아내 데라는 풍성한 자기의 머리를 잘라 판 돈으로 남편이 갖고 싶어 하던 금시계의 플라티나 줄을 사고, 남편 짐은 데라가 그 아름다운 머리카락을 가꾸기 위해 갖고 싶어 하던 별갑의 빗을 산다.
 "하나님, 부디 그이가 아직도 저를 예쁘다고 생각하게 해주시옵소서."
 데라가 기도하고 있을 때 집에 돌아온 짐은 까까머리가 된 아내의 모습을 눈물로 쳐다보면서 그 빗을 내놓는다. 그 빗은 아버지의 유물인 금시계를 팔아 장만한 아내의 선물이었던 것이다. 19세기 말 미국 서민의 애환을 그린 가슴 뭉클한 작품이다.

그리스도는 '머리카락은 여인의 영화'라고 했다. 누군가는 '머리카락은 여인의 제 2의 생명'이라고도 했다.

암브로지아나 박물관에 소장중인 한줌 보로지아의 머리털. 그녀는 르네상스 시대의 유럽 전역에 걸쳐 이름을 떨친 절세의 요화였다. 그 말할 수 없이 아름다운 머리채에 도취된 바이런은 끓어오르는 피를 가눌 길이 없어 그 머리카락 하나를 훔쳐 평생 소중하게 간직했다고 한다.

"보로지아, 그대 한때 찬미하기엔 너무나 거룩하게 높았다. 지금 그대는 흙, 그대의 전부를 이 땋은 머리는 보여준다. 맑은 금빛 굽이쳐 흐르는 고요한 머리카락이여."

우리나라 초대 과학기술처 장관을 지낸 K 박사는 별명이 '책벌레'. 기발한 아이디어 메이커로도 유명했다. 그는 만날 때마다

"이 박사, 당신 머리카락이 아직도 검은 걸 보니 천하태평이신 모양이군." 하고 농을 거는 것이었다. 장관이 하도 못살게 구니 사실상 내 머리도 하얗게 셀 판국이었다.

그러던 어느 날 귀한 손님을 모신 회식석상에 난데없이 장관의 급한 전화라는 전갈이 왔다. 얼마나 급했든지 달리는 승용차 속에서 건 전화라는 것이다.

"이 박사, 좋은 아이디어가 하나 생겼소. 거 왜, 이발소에서 깎아버리는 머리카락 있잖소. 그대로 버리는 게 아깝단 말이오. 그

걸 모아서 반죽으로 만들어 뽑아내면 긴 머리카락으로 다시 만들 수 있지 않겠소. 지금 가발 수출이 한창인데 이 얼마나 무궁한 자원이겠소."

나는 말문이 막혔다. 머리카락의 화학적 성분은 아미노산, 탄소50, 산소21, 질소18, 수소7….

"참 좋은 아이디어이십니다만, 잘 안 될 겁니다. 우선 머리카락 전용의 냉면틀부터 하나 만들어 주십시오."

"안 되는 걸 만드는 게 과학 아니겠소?"

그 후 나는 과학기술처의 한 연구조정관이 자원을 구하느라 동분서주하는 걸 보았고, 몇 달 후 환자가 된 그를 진찰할 기회를 가졌다. 그의 머리카락은 몰라보게 희어져 있었고 혈압은 180으로 올라 있었다. 그 해의 가발 수출액은 5천만 달러를 돌파했다고 한다. 물론 냉면틀로 뽑아낸 머리카락을 팔아먹은 것은 아니다.

머리카락이 왜 희어지는가는 아직 잘 알려지지 않았다. 중국 후량의 주흥사는 천자문을 하룻밤 사이에 만드느라 머리카락에 서리가 내렸다는 이야기(그래서 천자문을 白首文이라고도 한다)나, 패색이 짙어질 무렵 월남 티우 대통령의 머리카락이 나날이 희어졌다는 이야기 등 머리카락의 생태는 참으로 미묘하기 짝이 없는 것이다.

얼마 전 노르웨이의 과학자들은 겨울에 흰색, 봄에 갈색으로 변하는 뇌조의 깃 빛깔에 착안하여 멜라닌 색소의 소장을 지배하는 호르몬에 관한 연구를 시작했다. 어쩌면 주사 한 대로 백발삼천 장이 그 자취를 감출 날이 올지도 모른다.

'로맨스 그레이'라든가, 아무런 낭만 없이 그리고 희어질 겨를없이 내 머리카락은 그저 없어지고만 있는 것이다. 아, 보로지아의 머리카락이여.

어느 인턴

한 환자가 입원했다. 말기에 들어선 악성 임파종. 서른을 갓 넘은 그는 천애 고아로 자라면서 온갖 세파에 시달렸다고 한다. 해병대에 입대한 그는 월남전에서 전공을 세우기도 했다. 원호병원에서 돌봐줄 환자였지만 암이라 해서 우리가 맡게 된 것이다. 재향군인회의 옛 친구가 보증인이 되었다. 나는 그를 학술 환자로 돌려 진료비 전액을 면제토록 했다. 악성 임파종은 어느 정도 손을 쓸 수 있는 암이다. 약도 있고 방사선도 잘 듣는다. 아주 초기에 발견되면 완치될 수도 있다. 그러나 그 환자의 병세는 거의 절망적이었다.

우리는 모든 수단을 다 해서 치료에 임했다. 두서너 달이 지나자 환자의 상태는 몰라보게 좋아졌다. 누구보다도 기뻐한 것은 그를 돌보던 여자 인턴이었다. 그녀는 지나치도록 독실한 기독교 신자였다.

  누구하나 찾아오는 친지가 없었던 그를 옛 사령관이 문병차 찾아왔을 때 그는 병상에서 벌떡 일어나 차렷 자세를 취하려고 했다. 쓰러지려는 그를 그 인턴이 가까스로 부축했다. 사령관은 그를 부둥켜안고 몇 번인가 "이겨야 한다!"고 되풀이하는 것이었다. 그러나 환자의 운명은 이미 경각에 다다르고 있었다.

  서너 달이 더 지난 그 어느 날 그는 갑자기 심한 호흡곤란에 빠졌다. 응급실, 산소텐트, 엑스선 사진에 나타난 그의 폐는 암이 번져 엉망이 되어 있었다. 그러나 병세는 일진일퇴, 그는 몇 번을 마다 않고 산소텐트를 들락날락하는 것이었다. 그것은 우리와 사신과의 줄다리기나 마찬가지였다. 그동안 나는 "오늘을 넘기지 못할 것 같다."는 인턴의 말을 수없이 들어왔다. 그러나 그럴 때마다 환사는 마치 기적이나 생긴 듯 되살아나는 것이었다. 기도 때문이라고 인턴은 말했다. 병원 산소는 번번이 바닥이 났다. 인턴은 그런 몇 날 밤인가를 산소텐트 앞에서 기도하면서 지새웠다고 한다.

  어느 날 그녀는 환자 머리맡에 수저와 젓가락이 단정하게 놓인 것을 보고 가슴이 내려앉았다고 한다. 그날 나는 그녀를 통해 환자의 유언을 들었다. 병원 호의에 깊은 감사를 드린다면서 옷가지 몇 벌과 라디오를 고아원에 기탁해 달라는 것이었다. 세찬

가을비가 병실 창문을 두드리던 그 어느 날 새벽, 환자는 눈을 감았다. 꼭 2백 10일 만이었다. 임종을 지켜보던 인턴에게 그는 초점 없는 눈을 돌리면서 몇 번인가 어머니라고 불렀다 한다.

그가 입원한 7개월 동안 그녀에게는 주말이 없었다. 주말이 되면 으레 환자가 같이 있어주길 애원했기 때문이다. 그의 시체를 인수하러 온 옛 전우들은 화장해서 재를 한강물에 흘려보낼 거라고 했다.

시체를 배웅하는 병원 문턱에서 나는 그 인턴이 울먹이고 있는 것을 보았다. 그 죽음은 의사로서 그녀가 대한 처음의 죽음이었던 것이다. 반 년 이상을 온갖 정성을 기울였던 환자의 죽음이었으니 그 충격은 오죽했을 것인가. 그녀는 의학의 한계를 느꼈을 것이고 또 의사의 무력함에 실망했을는지 모른다. 그리고 또 종교와 의학의 갈등 같은 것도 느꼈을는지도 모른다. 한때 기독교에서는 질병을 죄의 대가로, 아니면 그 고통이 하나님의 뜻으로 받아들여진 적이 있었다. 그때의 병원은 교회였고 의사는 목사였으며 약은 기도였다.

19세기 말에 이르러 의학은 과학의 대열에 끼게 되었다. 창세기에 나오는 우주철학이 태양계나 생물진화와 부합되지 않는 것이 밝혀졌을 때 의사들은 과학의 편을 든 것이다. 이에 맞선 신학자들은 모든 과학이 형태를 달리한 신학이라고 주장했다. 2

차대전이 끝나자 오랜 의학과 종교와의 반목에서 빚어진 상처는 아물기 시작했다.

"카이사르의 것은 카이사르에게, 하나님의 것은 하나님에게."
돌아간 것이다.

가을비가 스산하게 쏟아지고 있었다.

심기불편

　성심병원장 L 박사와 나는 15년에 걸친 낚시 친구다. 누가 먼저 월척 조사가 되느냐 하는 문제가 우리들 숙제였다. 얼마 전 병원회의를 주재하고 있는 자리에서 비서가 'L 박사의 급한 전화'라는 메모를 내밀었다. 전화의 첫마디는 "허허허" 하는 너털웃음으로 시작되었다.
　"나 어제 월척을 했어. 자그마치 38센티짜리! 이제 승부는 끝난 거야. 당신 케이오라는 말 잘 알지?"
　그 전화의 끝마디는 "허허허" 하는 너털웃음으로 끝났다. 나중에 들은 얘기지만 그날 성심병원장실 전화통에 불이 났었다고 한다. 리스트까지 작성해 놓고 자기가 월척 조사가 되었다는 사실을 수십 군데에 알렸기 때문이다. 태생이 악바리라(그는 자가용 배까지 갖고 있다), 그동안 내가 늘 판정패를 당해오긴 했었지만 만약 이것이 사실이라면 정말로 내가 케이오패를 당하는 것이다. 며칠 후 그로부터 또다시 전화가 걸려왔다. 저녁을 사겠다는 것이다.

'아니, 이 노랭이가?'

무슨 꿍꿍이속이 있나 싶어 잠시 망설였으나 어떻든 공짜니까 응하기로 했다. 요정 문앞에 선 그는 여느 때와 달리 정중한 태도로 여남은 되는 내객을 맞이했고 특히 나에게는 양손으로 악수를 청하면서 "허 박사님, 어려운 행차하셨습니다. 소생, 진심으로 사의를 표하는 바입니다."라고 하는 것이었다. 좀 수상한 생각이 들었다.

허 박사란 낚시터에서 얻은 내 별명이다. 하고한 날 허탕만 치고 허세를 부린다 해서(사실과는 다르다) 진상받은 내 칭호다. 누군가는 공 박사라고도 부른다. 밤낮 공만 치고 있기 때문이란다.

언젠가 아홉 치 아홉 푼짜리 한 마리를 잡았을 때, 행여 자짜리가 아닌가 해서 수십 번 이리 재고 저리 재어봤지만 끝내 그놈은 밉살스럽게도 아홉 치 아홉 푼이었다. 마당에 있는 연못에 넣어 한 푼어치만 더 자라길 기다렸던 내 지대한 소망은 며칠 후 산산이 깨어지고 말았다. 죽은 것이다.

요정 방안에 들어서면서 나는 그것이 보통 술자리가 아니라

호화판 피로연이라는 걸 깨달았고 그래서 그가 진정 월척 조사가 되었다는 사실을 실감했다.

성모병원장 C 박사도 이름난 낚시광이다. 그의 사무실에 들어서면 우선 눈에 띄는 것이 자짜리 붕어의 어탁이다. 최상급 액자 속에 모셔 놓고 있다. 76년 몇 월 며칠 몇 시에 어느 저수지에서 아무개 조사가 낚았다는 사연이 적혀있고, 입회인이라 해서 아무개 신부와 아무개 교수의 이름까지 적혀 있다.

나중에 그가 밝힌 진실을, 그리고 그의 명예를 위해서 이렇게 그 깊은 비밀을 백일하에 밝힌다는 것은 참으로 가슴 아픈 일이지만, 어찌하랴. 나는 진리를 탐구한다는 과학도인 것을! 그 자짜리는 박사가 낚은 것이 아니라 주운 것이다. 어신이 없어 자리를 옮겨 대를 꽂으려는데 난데없이 낯선 찌가 눈앞에 스물거리더라는 것. 그래서 뜰채로 찌를 건졌더니 그 끝에 자짜리가 매달려 있었더라는 것이다. 누군가 그 자짜리를 걸었다가 줄이 끊어지니까 화가 나서 자리를 옮겨갔던 모양이다. 성모병원장실에 걸려 있는 주운 자짜리, 그는 틀림없이 그 사실을 신부 앞에 고해하고 나서, 저렇게 시치미를 떼고 있을 것이다.

L 박사의 피로연 석상에서 나는 갖은 수모를 당했다.

"당신과 이렇게 자리를 같이하는 것도 아마 이 밤이 마지막일 것이오. 아니, 15년 동안 낚시질을 했다면서 어찌 자짜리 한 번

만져보지 못했단 말이오? 그런 작자와 어찌 대화를 할 수 있단 말이오. 이걸 보시오. 자그마치 38센티! 삼배지례를 드리지 못할까? 뭐 아홉 치 아홉 푼짜리를 잡았다고? 그것도 붕어야?"

38센티 붕어 어탁을 펼쳐든 그는 한 바퀴 도는 것이었다. 마치 상대방을 케이오 시킨 권투선수와 같았다. 피로연에는 그 초대어를 걸어올리는 순간을 목격한 증인이 참석하고 있었다. 증언에 따르면 낚아올린 후 그는 자그마치 30분 동안이나 "어흠 어흠" 하더라는 것이다. 만약 내가 그때 그 옆에 있었더라면 아마 그 "어흠 어흠"은 틀림없이 60분 이상 지속되었을 것이다.

"허허허, 공 박사! 뭐 그렇게 인상 쓸 건 없잖아? 한 잔 더!"

"자자자, 허 박사! 뭐 그렇게 골낼 건 없잖아! 한 잔 더!"

그는 공 박사와 허 박사를 마구 돌리면서 "허허허"와 "자자자"를 두루 구사하는 것이었다. 그 "허허허"와 "자자자"가 내 귓전을 두드릴 때마다 횟술로 해서 38도까지 올라갔던 내 피를 또다시 식어버리게 하는 것이었다. 그제야 나는 하필이면 그가 왜 나에게 양손 악수를 청했던가를 알게 되었다. 그는 나를 골려줌으로써 그 피로연을 더욱 빛나게 할 심보였던 것이다.

살아생전 참으로 면목 없는 순간이었다. 나는 고개를 떨구었다. 이미 그는 요구했다. 그 어탁에다 한 마디씩 적어 달라고, 그리고 또 요구했다. 도장까지 찍어달라고. 내객들 모두가 기합을 받으러 하사관 앞에 나선 병사들처럼 보였다. 병사들은 열심히 쓰고 또 도장까지 찍있다.

마지막 내 차례, 나는 잠시 머뭇거렸다. 심장 밑바닥에서부터 끓어오르는 그 무엇이 있었던 것이다. '써야 하나, 안 써야 하나'가 문제였던 것이다. 상대방을 케이오 시킨 승자가 패자를 얼싸 안아 주는 정경을 나는 퍽 아름다운 것으로 생각한다. 비록 제스처일망정. 그래서 나는 내가 만일 권투선수였더라면, 아무 제스처 없이 케이오 시킨 상대방을 껴안아 주었으리라. 그런데 이 밤의 승리자는 이미 나가떨어진 상대방을 마구 짓이기고 있는 것이다.

"술값은 해야 될 거 아냐?"

참고 견디던 분루가 콧구멍으로 흘러내렸다.

"이 종이, 코 풀기 십상이다!"

순간, 지금까지 기고만장했던, 그리고 새빨갛게 달아올랐던 박사의 얼굴은 새파랗게 질렸다.

"제발, 제발…." 하면서 양손 모아 비는 것이다.

그 오만했던 "허허허"와 "자자자"는 이제 "제발, 제발"로 변한 것이다. 그 가여운 모습을 보면서 나는 "어흠 어흠"했다. 그 '어흠'을 60분 이상 지속시키지 못했던 것을 지금 나는 후회하고 있는 중이다.

"뭘 그래, 선뜻 써주지 않고. 저렇게 좋아하고 있지 않은가! 콧잔등에 묻은 먹은 잘 지워지지도 않을걸."

서울대학교 총장을 지낸 H 박사의 간곡한 만류에 못 이겨 나는 코 푸는 걸 단념하고 말했다.

"허허허, 이 어이된 합장이오? 중이 되었는가? 자자자, 손을 거두시오!"

그러고 나서 갈겨썼다. '심기불편(心氣不便)!' 어차피 버린 몸, 지장까지 찍어주었다.

"헛헛헛, 심기불편이라? 아무렴, 그렇겠지!"

L 박사의 "허허허"는 어느새 "헛헛헛"으로 변해 있었다. 그리고 "아무렴 아무렴"을 연발하는 것이다.

지금은 성심병원장실을 찾는 손님의 눈에 우선 띄는 것은 그 어탁일 것이다. 그리고 그 어탁을 자세히 살펴보면 心氣不便이라 쓴 내 명필과 지장을 찾아볼 수 있을 것이다. 성심병원장은 특히 그 부분을 가리키면서 "허허허" 너털웃음을 웃고 있을 것이다.

원자력 병원장실에는 어탁이 없다. 참으로 심기불편한 노릇이다.

여(女)와 남(男)

셰익스피어가 "약한 자여, 그대의 이름은 여자이니라"고 말한 것은 그 정곡을 찌르지 못했다는 점에서 참으로 애석한 노릇이다.

여자는 남자보다 강하다. 여자가 남자보다 오래 사는 것은 상식. 남자들은 이미 어머니 뱃속에서부터 약한 자로 낙인 찍혀 태어나는 것이다. 수태율로 볼 때 남자 수가 20~50퍼센트 가량 많지만 태내 사망률이 높기 때문에 출산율은 남자 106, 여자 100으로 줄어드는 것이다. 유전병의 경우 여자에게는 그 병을 일으킬 염색체가 두 개 필요하지만 남자에게는 한 개로도 족하다. 여자의 기초 신진대사율은 남자보다 6~10퍼센트가 낮으니까 그만큼 에너지 면에서도 여자는 남자보다 부자라고 할 수 있다.

절해고도에 표류한 남녀 중 으레 살아남는 쪽은 여자다. 혹한 극지에서 얼어죽지 않는 쪽도 여자다. 이러한 극한 상태에서 사람들은 제 몸을 갉아먹으면서 연명한다. 여자들이 살아남는 것은 그 무지하게 널따란 궁둥이 때문이란다. 염천폭서에도 여자는 그 열 발생률을 10퍼센트나 낮출 수 있는 재주를 지니고 있는데다가 핫팬티를 입고 대로를 활보할 수 있는 특권마저 누리고 있으니 참으로 부럽기 한이 없다.

여자는 고혈압에 대한 저항력도 강하다. 이른바 중풍과 여자와는 거리가 멀다는 이야기다. 그뿐인가, 다른 병에 걸리는 율도 남자의 반밖에 되지 않는다. 남자들이 일찍 죽는 원인은 물론 처자를 먹여 살려야 하는 스트레스 때문일 것이다. 사망진단서에 기재된 65가지 질병 중 여자들을 더 많이 죽인 병은 겨우 7가지에 불과했으니 말이다.

심리학적으로도 여자는 남자보다 강하다. 2차대전 중 런던이 독일 공군의 폭격으로 쑥대밭이 되었을 때, 정신병 환자는 남자가 70퍼센트나 더 많았다는 이야기다.

극한상태에서 더욱 잔인해지는 것도 여자, 그것은 매달 월경을 통해서 피를 보기 때문이라고 한다. 어떻든 여자는 남자보다 강하다. 이대로 가다간 적자생존이란 대자연의 법칙에 따라 틀림없이 여자의 세상이 올 것이다. 실제로 어느 사회학자는 장차 일부다처주의가 온 지구를 지배하리라 예언하고 있다.

그러나 지금도 늦진 않았다. 태아의 경우 성별을 마음대로 조절할 수 있다는 그 귀신 같은 양반들에게 하루속히 노벨상이라도 주어서 여자를 줄이게 하고 그래서 우리들 남자, 진짜 약한 자들로 하여금 지금 하나 모시기도 힘든 상전을 둘 이상 모시지 않도록 노력하면 될 것이다. 아니, 차라리 여자들에게 전쟁을 시키면 어떨까.

가끔 팬레터라는 것을 받는다. 시시한 글이나마 읽어주는 사람이 있구나 싶어 살맛이 나는데, 더군다나 데이트까지 신청하는 여성들이 있으니 그야말로 장밋빛 인생. 그러나 그 데이트에는 아직 한 번도 응하지 않았다. 실물을 보면 실망해서 울지도 모르니까. 최근에도 또 한 장 받았다. 이번에는 상대가 울건 말건 한 번 만나 볼까 하면서 부푼 가슴으로 봉투를 뜯었다.

지난밤 갑자기 내 남편이 반란을 일으켰어요. 자정이 넘어 곤드레만드레 술 썩는 냄새를 내뿜으면서 들어오더니 구겨진 신문뭉치를 내동댕이치면서

"야, 너는 오늘부터 전쟁이나 하란 말이다!"

고래고래 소리를 지르더니 그냥 쓰러져 드르렁드르렁 코를 골지 않겠어요.

일찍이 없었던 일, 큰 변이 났구나 싶어 그 활자도 시원찮은 신문을 뒤적거려 보니….

오라, 당신! 당신이 바로 내 남편을 망쳐놓았단 말이에요.

당신은 의학이다, 심리학이다 하면서 진짜인지 가짜인지 모르는 숫자를 늘어놓고 우리들, 이 우아하고 가련한 여자들이 남자들보다 강하다고 주장했지만 그건 억지, 터무니없는 억지란 말이에요.

학문이란 진리를 탐구하는 것, 내가 학교 교사로 근무하고 있을 때 조사한 바에 의하면 악력의 경우 중학교에서 남자는 여자보다 32~44퍼센트나 강했고, 고등학교에서는 남자는 11.3킬로그램밖에 늘어나지 않더란 말이에요. 그래도 당신은 여자가 남자보다 더 강하다고 주장하겠습니까?

까마득한 석기시대부터 남자들은 돌을 깎아 창, 칼을 만들어 짐승을 잡아다 이 나약한 여자들을 먹여 살려 왔답니다. 시래깃국 한 번 먹여주지 못하는 주제에 밤낮 '먹여 살린다'고 큰소리만 치고 있으니…. 우먼파워의 기치 아래 우리가 나서는 것도 결국은 당신네들에게 콩나물국이나마 한 번 제대로 먹여보겠다는 자비심에서라는 걸 아세요.

월경혈을 보기 때문에 여자들이 더 잔인하다고? 그래서 그걸 없애느라고 그렇게까지 염치없이….

그리고 또 뭐, 여자들에게 전쟁을 시킨다고? 좋아요. 정 그렇다면 우린 당신들에게 선전포고를 하겠어요.

● 호는 春江, 1927년에 경남 사천 출생. 대구사범 2년을 수료, 대구의과대학에 진학. 졸업 후 공군에 입대하여 군의관으로 복무. 미 공군 병원에서 의학을 공부하고 내과 전문의 자격증을 취득하였다. 대봉동에서 빈 내과 의원을 개원. 1969년에는 상주 적십자 병원장으로, 1973년에는 다시 통영으로 자리를 옮겨 근무하였다.

1979년에 문인협회 포항지부를 창립하여 지회장이 되었다. 80년에는 예총 포항지회를 창립, 지회장이 되었다. 78년에는 한흑구 선생의 추천으로 대구의 경북수필문학회에(영남수필 전신) 입회. 83년에는 경북의대 졸업생으로 안행수필 동인회를 결성 기관지 안행수필을 발간하였다.

1969년에 문예지에 「상처후유증」을 발표하면서 본격적으로 수필을 썼다. 문예지와 동인지에 많은 작품을 발표하였다.

작품집- 『괄호 밖의 인생』(1975), 『망각의 이방지대』(1983), 『고희 기념문집』(1996)

회억의 삼층장 | 실수의 미학
재수생의 고배 | 은수저 | 호박잎의 향수 | 괄호 밖의 인생
망각의 이방지대 | 낙엽을 보며 생각한다

빈남수
賓南洙(1927~2003)

회억(回憶)의 삼층장

아내가 큰딸 숙희를 낳았을 때 어머니는 무척 기뻐하셨고 아버지는 약간 서운한 표정을 지으셨다. 시집와서 삼 년이 되어도 소식이 없었던 아내가 어여쁜 손녀를 낳으니 어머니는 '첫딸은 살림밑천'이라고 며느리 위로하기 급급하였는 데 반해 아들 손주 낳기를 학수고대하시던 아버지는 기분이 안 좋은 편이었다.

그것도 그럴 것이 백부님, 중부님댁은 손자들이 수두룩한데 먼저 장가든 형님도 첫딸이었고 둘째며느리도 손녀를 낳았으니 체면이 안 선다는 뜻에서인지도 모른다.

90에 가까운 할아버지가 살아 계실 때 장가를 보내야 한다고 고풍을 지키시던 아버지께서는 방학 때가 되면 어머니에게 은근히 나의 장가보내는 것을 재촉하셨고, 그 은근한 압력에 못 이겨 나의 나이 스물한 살 때 나는 통영 색시를 맞이하게 되었다. 그래서 나의 어머니나 이웃사람들은 나의 아내를 '통영댁' 또는 '통영띠기'라고 부르곤 하였다.

그러니 지금부터 꼭 30년전의 이야기가 된다.

당시 나는 대구사범대학 문학부 사회학과에 적을 두고 있었고 겨울방학이라고 하여 집에 머물고 있었던 참이라 방학 동안에 아들을 장가보내겠다는 것이 부모의 합의사항이었다. 그해 (1947) 추운 겨울날 아침 갑자기 아버님의 명에 의해 나는 어머니를 따라 선을 보기 위해 집을 나섰다.

삼천포를 거쳐 배를 타고 지금의 충무(그 당시 통영)로 갔다. 미리 연락이 닿았던지 통영 부둣가에는 처녀측의 가족이라고 여겨지는 사람들이 많이 나와 우리 일행들을 정중하게 그리고 기쁘게 맞이해 주었다. 그 당시 차는 없었고 부둣가에서 처녀의 집이 있는 낭농리까지 도보로 약 30분 정도 걸어갔다.

점심을 융숭하게 대접받고 큰방에서 양측 부모님들의 입회하에 선을 보았으나 처녀는 처음부터 끝까지 고개만 숙이고 있을 뿐 말도 없었으며 숨도 제대로 쉬는 것 같지 않았다. 그러나 외모로 봐서 퍽 건강해 보였고 얼굴을 숙이고 있어 확실한 얼굴 모습을 파악하기 힘들었으나 입이나 코가 제대로 있었고 간혹 내가 옆을 보고 이야기할 때 옆눈으로 나를 슬쩍슬쩍 훔쳐보는 것으로 보아 별로 큰 흠은 없어 보였다.

긴장의 30분이 지나갔다.

어머니는 나에게 "처녀를 본 인상이 어떻냐?"고 물으신다. 나는 "어머니는 어떻습니까?" 하고 되물었다. 어머니는 그만하면 되었다는 표정이었다. 어머니가 되었다고 하면 나도 구태여 반대할 이유는 없다. 자기의 며느리를 설불리 볼 어머니가 아니라고 느꼈기 때문이다.

어머니께서는 나의 동의를 얻고 반승낙을 하자 처녀측에서 하룻밤을 묵고 가라고 야단이다.

그 당시 차도 없고 배도 오전에 한 번밖에 다니지 않던 시절이라 어머니와 나는 하는 수 없이 처녀의 집에서 하룻밤을 묵게 되었다. 그날 밤 장차 처남 될 처녀의 동생 공부방에 자게 되었는데 처남 후보와 이야기를 나누고 있으니 문을 노크하면서 낮에 선 본 그 처녀가 홍시 세 개를 쟁반에 받쳐들고 조용히 방으로 들어왔다. 처녀는 홍시를 내 앞에 갖다놓고서도 여전히 고개를 숙이고 앉아 있을 뿐 한마디 말도 없었다.

아마도 낮에 서로의 대화가 없었으니 부모님께서 일부러 들여보내 대화라도 나누어 보라고 한 것 같다. 처남 될 사람도 눈치를 채고 슬그머니 화장실에 가는 체하고 밖으로 나가버린다. 물실호기, 좋은 기회가 왔다고 여기고 나는 처녀에게 여러 가지 말을 건넸으나 처녀는 고개만 숙이고 예스의 표시로 고개만 끄

덕끄덕 할 뿐 일체 말이 없었다.

그것이 나를 홀딱 반하게 한지도 모른다. 여자나 남자나 입이 무거워야 한다. 상대는 처음 만난 남남이 아닌가. 거기에 십년지기처럼 말이 술술 나와서 이야기를 나눌 수는 없다.

마치 원시림을 답사하고 온 느낌을 가진 어머니와 나의 보고에 의하여 아버지께서는 나의 사성과 더불어 청혼서를 처녀댁에 보내고 얼마 후 그쪽에서 허혼서가 그의 조부 진사의 친필로 쓰여져 왔다.

그런 회억이 30여 년 만에 되살아 난 것은 지난 해 12월 22일 손주의 돌을 축하하기 위하여 대전에 올라갔을 때 큰딸 숙희가 살림하고 있는 S아파트 거실에서였다. 옛 사람들은 딸을 낳으면 앞뜰에 오동나무를 심었다. 그 딸이 시집을 갈 때 장롱 등을 만들어 주기 위해서였다. 자식과 함께 기른 나무로 다듬은 가구를 딸에게 선물로 주었던 것이다.

그런데 지금은 가고 없는 아내가 아침, 저녁으로 정성스레 닦고 아꼈던 자개 삼층장이 딸의 거실에 아담하게 옛 모습 그대로 장식되어 있는 것이 아닌가. 자개 삼층장을 물끄러미 바라보고 있노라니 문득 잊었던 지난날의 아내의 얼굴이 떠오른 것이다. 그리고 지난날의 추억들이 주마등같이 나의 뇌리를 스쳐갔다. 첫선 본 그때의 큰방, 그녀의 동생 공부방, 그리고 그녀가 가져

왔던 홍시 세 개 그리고 아무도 밟아보지 못한 원시림 같은 그녀의 처녀성 그리고 30여 년 간 나와 함께 생사고락을 같이한 그녀의 모습이 나의 가슴을 뭉클하게 했다.

밀화 빛으로 길들인 장판방에 두 무릎을 꿇고 아침, 저녁으로 정성스레 닦던 아내의 모습이 눈에 선히 떠오를 때 그 옛날 3년 반 동안의 아내와의 대전생활이 그리워지곤 하였다. 아내와 3년 반 동안 살았던 그 고장에 지금 딸과 아들들이 살고 있는 것이다.

그들에게는 그런 감회가 별로 깊은 것 같지가 않다. 그러나 나의 경우는 그와는 정반대다. 큰딸이 대전으로 시집가던 날 딸아이의 어머니가 생전에 고이 간직한 그 삼층장을 선물로 주고 잘 간수하도록 당부했다. 그 삼층장에는 아내의 손때가 묻어 있고 아내의 혼이 숨어 있다. 그 삼층장은 아내의 사진이며 아내의 얼굴과 다름이 없다. 그래서 나는 아내가 보고 싶으면 아무도 모르게 훌쩍 대전으로 혼자 떠나는 것이다.

회억의 삼층장, 그것을 보면 나는 지난날의 발자취를 더듬어 보게 되고 마음의 위안을 받게 된다.

실수의 미학

사람은 누구나 작고 크고 간에 실수를 하게 마련이다. 그것을 바꿔 말하면 사람은 신이 아니니까 실수를 저지를 수 있다는 말과 다를 바 없다.

어떻게 보면 실수를 하는 데 더 매력이 있는지도 모를 일이다. 그래서 니는 종종 주석(酒席)에서 오식예찬론(五食禮讚論)을 꺼내며 신도 때로는 실수를 저지르기도 한다면서 역설을 퍼부어 남을 웃기기도 한다.

법관도 사람이기에 때로는 오판할 수도 있고 의사도 사람이기에 간혹 오진을 하게 된다. 그러나 거기에는 고의성이 개재(介在)되어 있지 않다는 사실로 물의를 일으키지 않고 넘어간다. 그러나 오늘날 우리 사회에서 왕왕 문제가 되는 것은 실수의 당위성을 극한적으로 합리화시키려는 그릇된 풍토를 조성하여 실수를 실수로 자인, 자성하지 않고 그것을 끝까지 은폐하려는 데 있다.

지난 9월, 『포항문학』을 창간해 내면서 결정적인 큰 실수를 저지르고 말았다. 협찬한 광고주의 이름이 이경수인데 이형수로 잘못 인쇄되어 나온 것이다. 그토록 내가 신신 부탁한 광고주에 대한 정확한 교정 요청도 무위로 끝나고 끝내는 출판사가 오식(誤植)의 기록을 남기고 말았다. 한문으로 이경수라고 분명히 원고지에 또록또록 써서 보냈는데 '경' 자란 활자가 없었던지 한문을 한글로 옮기는 과정에서 들 '경' 자를 빛날 '형' 자로 잘못 알고 이경수를 이형수로 둔갑시켜 놓았다. 그야말로 옥의 티였었다.

광고주에게는 더없이 미안하고 죄스러웠다. 그러나 광고주에게 사과하는 수밖에 다른 도리가 없다고 판단하고 이 선생댁을 직접 책을 들고, 그것도 그의 이름을 일일이 고쳐가지고 일부러 찾아 갔었다. 그러나 광고주인 이 선생은 다른 볼 일로 잠깐 출타중이어서 그 집 일 보는 사람에게 책을 넘겨주고 광고주 이 선생이 돌아오는 즉시 나에게 전화를 걸어달라고 부탁을 해놓고 집으로 돌아왔다. 집에 돌아와도 일이 손에 잘 잡히지 않았다. 얼마 후 전화벨이 울리면서 그의 목소리가 수화기를 통해 흘러 나왔다.

"선배님! 아까 저의 집에 찾아오셨더라구요. 어떻게 찾아왔습니까? 포항문학 책은 잘 받았습니다마는…."

나는 수화기를 들고서 잠깐 머뭇거렸다.

"네! 다름이 아니고 이번 포항문학은 이 선생이 크게 도와준 덕택으로 잘 나오기는 했는데 출판사의 실수로 이 선생의 이름이 두 개로 되었으니 이것을 어떻게 하지요. 우리 측의 잘못이니 크게 사과를 드리며 양해를 구합니다. 그 사과말씀드리려고 일부러 찾아갔었지요."

"이름이 두 개면 어떻습니까. 이름이 두 개면 더 좋지요. 추사 같은 분은 호가 수십 개나 된다고 들었는데 저같이 유명하지도 않은 사람이 이름이 두 개가 있으니 금상첨화지요. 괜찮습니다. 염려 마십시오. 우선 책을 내시는 데 수고가 많으셨고 진심으로 축하를 드립니다."

나는 그 순간 크게 한 대 얻어맞은 기분이었고 또 한편으로는 흐뭇한 마음과 표현하기 어려운 행복감에 젖기도 했다. 나는 그가 크게 언짢게 생각하고 불쾌한 기분으로 나를 공격하면 어떻게 하나, 은근히 걱정을 하였는데 의외로 부드럽게 대해주며 그것보다 한술 더 떠서 "이름이 두 개 있으면 더 좋지요."라고 웃으며 여유 있게 받아 넘기고 나를 도리어 위로까지 해준데 대하여 고마웠고 그것으로 인해 짧은 인생역정에서 나는 또 많은 것을 배우고 느꼈다.

말 한마디가 나라를 흥하게도 하고 말 한마디가 나라를 잃게도 한다는 공자의 말씀도 있지만 "말 한마디가 천 냥 빚도 갚는다."는 우리의 속담을 이때처럼 뼈저리게 느껴본 일은 일찍이 없었다.

얼마 전 미국 신문가에서 한창 크게 열을 올리던 퓰리처상 반납소동을 가만히 지켜보면서 실수에 대한 마무리 작업을 그들 나름대로 아주 썩 멋있게 잘하는구나 하고 혼자 감탄사를 연발하였다. 같은 언론이 그처럼 실수를 저지른 「워싱턴포스트」지를 무참히 난도질하는 것도 우리의 상상으로서는 감당키 어렵지만 실수의 장본인 「워싱턴포스트」의 가혹하리만큼 철저한 실수 고백기는 또한 우리의 상상을 초월할 만큼 심금에 와닿는다. 그리고 정중히 사과사설을 싣고 실수의 내력을 남김없이 기사화한 것은 예사롭지가 않으며 미국 같은 민주주의 국가만이 해낼 수 있는 큰 강점이라고 느꼈다.

사람이 신이 아닌 이상 실수를 하게 마련이라고 하더라도 그와 같은 용기 있는 행동은 우리들에게 크나큰 교훈을 던져주고 있다. 실수에 대한 책임을 끝까지 회피하지 않고 사설까지 실으면서 자기들의 잘못을 자인, 자성하는 언론의 올바른 자세는 도리어 신문에 대한 독자의 신뢰를 회복시켜주는 역기능을 발휘

한다고 볼 수 있다. '지미의 세계'를 다룬 조각기사의 주인공 쿠크 양은 그래서 미국의 언론발전을 가져온 위대한 공헌자라고 역찬사까지 나오게 되었으니 이것이야말로 실수의 미학이 아니고 무엇이겠는가.

나의 조그마한 실수의 마무리보다 미국 언론인들의 멋있는 실수 마무리 작업에 아낌없는 갈채를 보낸다. 내 마음 같아서는 퓰리처상을 반납할 것이 아니라 다시 퓰리처상 이상의 상을 수여해야 되지 않을까 쓸데없는 공상을 하며 인간에 대하여 큰 애착을 느껴본다.

실수를 실수로 자인하고 자성하며 다시 그와 같은 실수를 되풀이하지 않는 데 인간의 위대함이 있고 인간의 존귀함이 있다고 새삼 느낀다.

재수생의 고배

　상아탑의 꿈을 안고 도전하는 젊은이가 많다는 것은 그 나라의 장래를 밝게 해준다. 이름난 미국의 하버드 스퀘어에서 학교 안으로 들어가는 길목에 고풍의 철문이 있다. 그 철문에는 veritas(라틴어로 진리)란 글귀가 새겨져 있다. 진리탐구를 위하여 그 문을 두드리는 선남선녀는 어찌 그 꿈과 낭만을 저버릴 수 있겠는가. 가까운 일본 동경대학의 아카몽도 고풍의 자태가 이 대학의 역사와 전통과 함께 일본 젊은이들의 동경의 표적이며 꿈과 낭만을 키우는 명문교다. 우리나라 S대학교도 자타가 공인하는 명문교이며 야망이 있는 젊은이는 누구나 한 번쯤은 도전의 꿈을 꾸게 된다.

　교육열이 남달리 뜨겁게 달아오른 이 나라 학부모와 수험생들은 지금 의외로 쉽게 나온 출제 때문에 고득점자들이 낙방의 쓴 잔을 마시고 좌절의 늪에 깊이 빠졌다. 신문, 잡지, 라디오, TV 할 것 없이 연일 92대학입시 출제경향과 재수생의 문제에 관해 대서특필, 사회문제로 크게 다루고 있다.

운이 좋아 대학에 합격한 사람은 바르셀로나 올림픽 출전 티켓을 딴 한일전의 축구전 이상으로 기뻐했고, 고배를 마신 수험생은 재기를 다짐해야만 했다. S대학의 이공과 계통을 지망한 나의 막내아들도 고득점자의 대열에 끼었음에도 패배의 쓴 잔을 마셔야만 했다.

아내는 눈물이 글썽글썽했지만 당사자는 낙방자답지 않게 담담했고 재수로 재도전을 다짐했다. 나는 낙방의 소식을 듣고 다소 마음이 흔들렸지만 내가 스스로 중심을 잡고 아들을 위로해야겠다는 심정으로 뒤돌아섰다. 서울에서 아들이 아버지를 위로하기 위하여 전화가 걸려왔을 때 나는 마음의 여유를 가지고 아들을 달래고 담담한 심정으로 다음과 같이 말했다.

"이번 시험에서 쓴 잔을 들게 된 것은 너를 더 크게 키우고 더 훌륭하게 하려는 절대자의 배려다. 이번 기회를 전화위복의 좋은 계기로 삼고 재도전해야 하는 것이다. 영국의 위대한 정치가인 처칠도 대학에 낙방했을 뿐 아니라 사관학교도 간신히 입학했다. 아인슈타인도, 발명가인 에디슨도 공부에는 별로였다. 그러나 그 쓴 잔이 있었기에 역사에 뚜렷한 발자취를 남길 수 있었지 않았나."

아들은 "아버지 고맙습니다." 하고 전화통에서 멀어져 갔다. 아들은 아버지를 위로하고 나는 아들을 고무, 격려했다.

큰 아들 재천이가 K중학교 시험을 보고, 같이 합격발표를 보러 간 일이 있었는데, 내 옆에 있던 학부모가 아들이 낙방하였다고 개 패듯이 그 자리에서 사정없이 때리는 광경을 본 일이 있었다. 나는 그 순간 큰 충격을 받았다. 그 아들이 젖 먹던 힘을 다하여 시험에 응했을 터인데 운이 나빠 떨어진 것을 어떻게 무식하게 그렇게 모질게 팰 수 있겠는가 하고. 그때의 그 충격과 그 마음가짐이 막내아들 중현이의 경우, 전화위복의 계기가 되어 나는 너그러운 마음으로 평정을 찾을 수가 있었던 것이다.

문제는 자식이 합격했을 때가 아니라 실패하고 낙방했을 때 학부모나 수험생 자신의 마음자세 그리고 그것을 어떻게 슬기롭게 대처하느냐에 달려 있다고 하겠다. 앞날이 창창한 10대의 고3 젊은이들, 아직도 너무나 많은 세월이 남아 있고 평균수명이 날이 갈수록 늘어난 이 좋은 세상에 좌절은 금물 중의 금물이다.

나는 평소 두 사람을 존경하고 그분들보다도 노력이 부족하다고 내 스스로 채찍질하곤 한다. 초등학교만 나왔으면서도 이 나라에 큰 발자취를 남기고 지금도 남달리 이 사회에 크게 공헌하고 있는 분이 있으니, 한 분은 지금은 가고 없는 거봉 김사달 선생이고 또 한 분은 김수학 씨이다.

그분들의 내력에 대해서는 너무나 잘 알려져 있는 분이기에 사족을 달지 않겠으나 내 개인적으로는 늘 흠모하고 입지전적인 인물로 내 가슴에 깊이 새기고 있다. 이 두 분의 행적을 더듬어볼 때 꼭 대학을 나와야만 위대한 인물이 되는가 하는 크나큰 의문도 제기된다.

그리고 우리의 대학들이 세계의 대학에 비해 얼마만큼 이 나라에 공헌하고 있나 하는 것도 한 번쯤 반성할 필요도 있다고 본다. 물론 우리의 대학들은 아직 그 역사와 경륜이 일천하기 때문이기도 하지만, 일제 36년간이란 기나긴 세월의 식민지 교육으로 억압받은 요인도 묵과할 수는 없다.

광복 후 신설됐거나 새로 개편된 대학들은 다른 대학처럼 한 사람의 대문호, 노벨상 수상자, 철인도 배출해 내지 못했다. 그러나 실망할 필요는 없다. 관악 캠퍼스의 돌담에 이끼가 끼고, 안암 캠퍼스와 연희동의 동산에 심어진 나무들이 연륜이 쌓이면 우리들도 노벨상 수상자, 대문호, 철학자 그리고 세계를 깜짝 놀라게 할 위대한 과학자가 속출할 것으로 기대된다.

후기대학입시 시험지 도난사건으로 올해 초·중·고 졸업식이 지각을 했다. 아들이 다닌 P고교 졸업식을 지켜보면서 재수생의 아버지로서 새로운 감회에 젖으며 걱정이 앞섰다. 졸업이 인생의 끝이라고 생각하면 어떻게 하나 하고.

  졸업은 인생의 최종이 아니고 오히려 새로운 시작이며 무한한 인생의 도전이다. 인간은 동물하고 달리 평생을 두고 공부해야 한다. 교문을 나오는 졸업생은 모름지기 회오(悔悟)와 반성 속에서 보다 높은 이상을 향해 부단히 갈고 닦아야 하며 99%의 노력만이 인생의 최종 승리자로 남을 것이다.

  누가 말했던가. 인생은 단거리 경주가 아니고 길고도 험난한 마라톤이라고. 상아탑의 꿈을 안고 도전에 실패했다고 하여 주저앉을 것이 아니라 전화위복의 계기로 삼아 재도전의 용기를 낼 것이며 영국이 낳은 위대한 정치가 처칠이 남긴 명언을 가슴 깊이 간직하고 음미할 필요가 있다.

  "실패한 쓴 맛을 경험해보지 않은 인생은 양념을 치지 않은 고기요리와 같다."

은수저

「우리 아빠 최고야」

미국에서 가장 인기 있는 TV 영화 프로그램의 제목이다. 아이들에 대해서 아빠가 남달리 심리분석까지 해가면서 뒷바라지해주는 모습이 정말로 인기를 독차지할 만한 작품이라고 느꼈다.

어릴 때 아빠란 존재는 다만 엄한 것이라고만 알고 지낸 나에게 지금은 가장 어려운 타이틀이라고 생각하고 있었다. 금년 초 나는 좋은 남편이 되기 전에 좋은 아빠가 되겠다고 마음속으로 굳게 다짐했다. 좋은 아빠가 되는 데는 여러 가지 조건이 많이 있으리라고 생각한다. 그러나 나는 어려운 것을 하려고 하지 않는다. 또 많은 것을 하려고 하지도 않는다. 단 한 가지라도 아이들에게 인상에 길이길이 남을 일을 해주었으면 하는 착상에서

금년에는 아이들 생일마다 은수저 한 벌씩을 기념품으로 마련해주기로 했다.

벌써 장녀 숙희, 삼녀 양숙, 차남 중국에게는 각각 은수저 한 벌씩을 생일기념 선물로 주었다. 그것도 서로의 수저가 바뀔까 봐 각각 이름을 새겨서 주었다. 꼬마 중국은 이세상에 태어나서 생전 처음으로 은수저로 밥을 먹는 것이 신기했던지 한 번씩 은수저를 쳐다보면서 싱글벙글 입을 다물 사이가 없다. 은수저를 아직 받지 못한 아이들은 받은 형제들이 부러워서 나도 어서 생일이 다가왔으면 하는 눈치였다.

꼬마의 생일날 멀리 의대에 다니는 꼬마의 형으로부터도 푸짐한 생일 선물이 소포로 부쳐져 왔다. 내용을 보니 캬라멜, 비스킷, 껌, 드롭프스 등 각종 과자들이 구미를 돋우는데 아주 알맞게 상자 안에 배열이 되어 있었다. 꼬마는 생일이 설 이상으로 즐겁다. 꼬마의 생각에는 매일이 생일이었으면 했을지도 모른다.

은수저! 나는 아이들이 그렇게 좋아할 줄은 미처 몰랐다. 나는 아이들이 마음속으로 즐거워하며 은수저를 받았을 때 좋아하는 모습을 보고 다른 아버지도 나와 같이 역시 기뻐하겠지 하는 마음이 들었다. 10년 가까이 단골로 다니는 S 다방에서 P씨와 생일에 대한 여러 가지 이야기를 나누는 가운데 은수저가 그날의 화제의 주인공이 되었다.

　중학교 시절 K 선생이 인격의 원만한 형성을 위해서 반드시 부모가 같이 있어야 한다고 힘주어 말씀하신 것을 지금도 나는 생생히 기억하고 있다. 모나는 아버지에 부드러운 어머니의 따뜻한 손길은 아이들에게는 없어서는 안 되는 인격형성의 절대 요소란 것이다. 모나면 세상을 굴러가기 힘들고 그렇다고 너무 부드럽고 둥글기만 하면 너무 연약해서 못쓴다는 것이었다.

　자라나는 어린이에게는 그가 자라는 환경을 등한시할 수 없으며 부모들의 일거수일투족은 곧 그들의 마음속에 깊이 투영되기도 한다. 마치 거울과 같이 이쪽에서 웃으면 거울도 웃고 이쪽에서 성을 내면 거울도 성낸 얼굴 그대로 비쳐주는 것과 같다. 부모의 사랑은 자식들에게는 태양과 같다. 그리고 부모와 자식 간의 사랑은 오직 주는 것뿐 받는 것은 아니다. 그것은 몸소 부모들이 아이들에게 보여줌으로 하여 사랑은 더욱 깊어지는 것이다. 처마 끝에 떨어지는 빗물이 일정한 장소에 떨어지듯이 부모들이 선행을 하고 좋은 환경을 조성해줌으로 하여 아이들도 그것을 거울삼아 좋은 일을 하고 훌륭한 사람이 되려고 노력하는 것이 아닐까.

　어릴 때 자라난 나의 발자취를 더듬어보더라도 그것을 느낄 수 있다. 설 때가 되면 고운 때때옷을 해주시던 어머니의 손길,

초등학교 입학 때 손을 이끌어 주시던 아버지의 그 따뜻한 손, 졸업 때마다 식장에 나와 주시던 아버지의 모습, 언제나 상을 타 가면 하나도 버리지 않으시고 서랍 속에 고이 간직해 두시던 아버지의 자상하고 인자한 모습이 아직도 나의 뇌리에 사라지지 않고 남아 있다.

내가 아이들에게 너무 필요 이상의 관심을 보여서 걱정이라고 핀잔하는 아내의 잔소리를 때로는 긍정적으로 받아들이면서도 내가 몸소 받아오고 느낀 부모님들의 눈에 안 보이는 사랑 때문에 나도 모르게 그렇게 되는 것을 어쩔 수가 없다. 불혹의 나이에 나의 걸어온 길을 가만히 뒤돌아보면 어느 때에는 나도 많이 아버지를 닮아가는구나 하는 생각이 들 때가 있다.

P 씨와 나는 아이들 생일에는 그들의 생일을 기억해주고 적은 일이더라도 그들을 즐겁게 해주어야 한다는 데 의견의 일치를 보았다. 값으로 치면 얼마 되지 않는 은수저, 그 은수저에 그들은 따뜻한 부모의 정을 느낄 것이다.

꼬마 중국의 생일날, 나는 은수저뿐만 아니라 그가 평소 좋아하는 축구공을 사주었더니 "우리 아빠 만세! 우리 아빠 최고야!" 하고 마음속으로 크게 외치는 것 같아 보였다. 은수저와 축구공을 들고 좋아하는 꼬마, 그것을 보고 좋아하는 부모.

그러나 아빠는 좋은 타이틀이기 전에 괴로운 타이틀이다.

호박잎의 향수

　여름이 되면 더위 때문에 곤욕을 겪는다. 숯불덩이를 쏟아붓는 듯한 불볕더위에 사람들은 산과 바다를 찾는다. 예전에는 대구가 더위로 이름난 곳이었는데, 몇 년 전부터는 포항이 챔피언 벨트를 뺏어와 달갑지 않은 전국 제1위를 마크하고 있다. 그래서 다지에 살고 있는 친지와 지기들로부터 때 아닌 안부전화가 걸려온다. 이래저래 포항은 유명한 곳으로 손꼽히게 되었다. 그런데 입맛도 떨어져서 아침저녁으로 밥 때가 되면 무엇을 먹을까 하는 것이 걱정거리다.

　시원한 냉면을 먹어보고 별미로 냉국수도 먹어보지만 입맛은 좀처럼 돌아오지를 않는다. 밥 때는 어찌 그리도 자주 돌아오는지 점심때가 되어 내키지 않는 밥이라도 한 숟가락 먹기 위하여 식당으로 발을 옮겨본다.

부엌에서 아내와 행상 아낙네가 채소를 가운데 놓고 흥정을 하고 있다. 무엇인가 하고 넌지시 들여다보니 호박잎을 따다 파는 것이 아닌가. 문득 그 옛날 어머니께서 남새밭에 가서 상추와 호박잎을 따다 같이 쌈을 싸서 먹던 지난날의 추억이 되살아난다.
　"여보! 그 호박잎 한다발 사서 밥 위에 쪄서 먹어봅시다!" 하고 아내에게 말을 건넸더니, 아내가 호박잎 한다발을 행상 아낙네한테서 샀다.
　호박잎사귀들은 풀벌레들의 즐거운 놀이터가 돼주며, 별이 총총 박힌 가을밤 하늘 아래 구수한 할머니의 옛 이야기 속에 살쪄가며 가을은 익어간다. 여름에는 상추쌈, 배추쌈, 미역쌈 등 우리들의 구미를 돋우어 주는 쌈들이 많이 있지만 호박잎처럼 여름의 입맛을 돋우어 주는 것도 흔치 않을 성싶다.
　호박잎쌈이 고향을 그립게 하고 어머니의 모습을 떠올리게 해줄 줄은 미처 몰랐다. 농촌에 가면 어느 곳에서나 볼 수 있는 호박잎, 농촌을 모르고 도시에서만 살아온 사람들에게는 거들떠보지도 않을 하찮은 호박잎, 오늘따라 나에게는 더욱 고마운 식물로 여겨지고 나의 지난날을 되돌아보게 한다. 아무리 보잘 것없고 아무도 거들떠보지 않는 호박잎이라도 제 몫은 다하고 있다고 생각이 미칠 때 사람도 역시 아무리 그 신분이 낮다고 하더라도 제각기 자기의 값은 다 지니고 있다고 생각되는 것이다.

  구미를 잃은 사람에게는 구미를 되찾게 해주고 그리운 고향을 떠올리게 해주며 어머니를 그립게 해주는 호박잎 이상으로 더 고마운 존재가 또 어디 있겠는가. 아! 그리운 고향 산천. 그 밑에 자라는 호박꽃과 호박잎, 이 여름이 다가기 전에 나도 고향에 한 번 다녀와야 되겠다. 그래서 형수에게 호박잎을 따다 밥 위에 쪄달라고 하여 호박잎쌈을 먹으면서 지금은 돌아가시고 안 계시는 어머님과 지난날을 회상해 보리라.

괄호 밖의 인생(人生)

　들어가기 싫지만 나올 때 기분 좋은 곳이 있다면 이발소와 목욕탕이다. 목욕을 하고 휴게실에 나와서 마시는 맥주 한 컵은 무엇과도 바꿀 수 없는 천하일품이다. 이발하고 거리로 나오는 기분 또한 목욕탕에서 나와 처음 마시는 맥주 한 컵과 비등하다. 어느 날 나는 멜라닌 색소가 부족하여 반백이 된 모발의 염색과 이발을 위하여 이발관을 찾아갔다. 아침이라 그런지 손님이 많지 않았다. 예쁜 아가씨들이 상의와 와이셔츠 그리고 넥타이를 받아 걸어준다. 그것만으로도 벌써 기분이 좋다. 의자에 앉으니 여자들이 자주 드나드는 미장원같이 아가씨가 와서 손톱도 깎아준다.
　"손톱에 매니큐어는 안 발라주나요?"
　아가씨는 웃기만 하고 대답이 없다. 이윽고 안면의 면도가 시작되었다. 와위(臥位)로 하여 부드러운 아가씨의 손길이 안면에 접촉되자 살며시 잠이 나를 청한다. 잠이 올까 말까 하는 순간 또 한 사람의 손님이 이발관을 찾아들었다.

"김형! 오늘 날씨도 좋은데 양산 통도사에나 놀러가지 않겠소?"

"글쎄요, 그런 팔자가 되었으면 오죽이나 좋겠습니까만…."

"김형도 역시 괄호 밖의 인간이구려!"

나는 '괄호 밖의 인간'이란 말에 매우 흥미를 느꼈다.

'괄호 밖의 인생.'

괄호 안에 들지 못하는, 다시 말하면 사람이면서 사람의 행세를 못하는 군상, 어떤 의미에서는 인간대열에서 벗어나거나 소외된 얼굴들을 그려본다. 세상에는 그런 군상들이 많을 것 같다. 고아원의 고아들, 양로원의 노인들, 교도소에서 바로 나온 장발장 같은 인간들이 그런 대접을 받고 있는지도 모를 일이다.

그러나 여기에 또 소외된 군상이 있다. 지난 5월 6일 여, 야 간의 전국구 국회의원 후보자 명단을 보았을 때 정치에서 소외된 군상이 있음을 알았다. 정치에는 문외한인 나에게 전국구비례대표제가 무엇인지는 잘 모르지만 거기에는 각계각층의 직능대표들이 참여한다는 것만은 알고 있다. 이번에 모당의 직능비례대표에서 여성대표들이 두드러지게 많이 진출한데 반하여 의사들, 의료계 대표들은 소외된 감을 느끼게 한다.

무릇 복지사회건설, 건전한 사회건설에는 무엇보다 그 밑거름이 되고 큰 초석이 되는 의료인이건만 어찌하여 이렇게 몰락되었는지 우리 의료인들로서는 반성하고 다시 검토해볼 만한 문제가 아닌가 생각한다. 그래서 나는 의사의 군상, 정치에서 소외당하고 있는 군상을 괄호 밖의 인생이라고 부르기 전에 '괄호 밖의 의인'이라고 부르고 싶다.

확실히 63년, 67년에 비해 의료인의 진출은 많이 감소되었다. 그러나 항차 의료인 국회의원 진출을 측면에서 돕겠다는 의정회까지 생기고 전보다 의협이 압력 단체화되어가고 있는 이 마당에 있어서랴!

나는 '괄호 밖의 인생', '괄호 밖의 의인'에 대하여 의료인 전체가 대오 반성해야 될 시점에 놓여 있다고 본다. 왜 우리가 소외당하게 되었는가? 왜 우리는 소외당하여야만 하는가? 가뜩이나 불신풍조가 번져 침해를 많이 받고 있는 의료인의 신분이 보장되어 있지 않은 현실에서 의사 단일법을 위시하여 의료계의 난제들이 산적하였는데 이와 같은 '괄호 밖의 의인' 신세는 앞날을 크게 흐리게 하고 있다.

번영된 조국, 안정된 조국, 거기에 복지사회를 이룩하려면 무엇보다 국민에게 크게 어필할 것이 국민보건 문제인데 의료인들이 정치에서 소외되는 경향은 국민보건 백년대계에 큰 차질을 가져올지도 모를 일이다. 어느 사회, 어느 국가를 막론하고 의사들은 그 나라 그 사회의 복지를 위해서 일해왔고 또 큰 힘이 되어왔다. 국민의료법 제정에는 무엇보다 의료인이 대거 참여하여야 하고 많은 의료인들의 의견이 집약 참작되어야 하는 이 마당에 의료인의 소외는 사기 문제에 적지 않은 영향을 미칠 것이라고 추정된다.

'괄호 밖의 인생', '소외된 의사', 5월의 하늘처럼 상쾌한 기분은 어디로 가고 일시에 우울해지기만 한다. '괄호 밖의 인생', 괄호 밖의 의인'이 되기 전에 먼저 반성하고 심각하게 생각하여야 할 시점에 놓여 있다고 본다.

망각의 이방지대

 인생은 모든 것을 잊고 산다는 것이 때로는 중요할 때가 있다. 영화「마음의 항로」처럼 상처를 입고 잊는 것이 아니라 바쁜 중에 자기를 잊고 산다는 것이 얼마나 다행스러운 일인지 모른다.

 내가 잘 다니는 K 다방의 L 마담은 망각의 효능을 종종 나에게 들려주곤 한다.

 "그저 손님들이 커피 마시러 오시면 그분들을 내 마음껏 정성 들여 대하다 보면 바쁜 중에 모든 것을 잊고 말지요."

 K 다방 L 마담은 지난날을 회상하면서 우수에 찬 표정으로 담담히 말한다. L 마담은 겨우 삼십이 넘은 여인이지만 그녀는 남편과 헤어진 쓰라린 과거 때문에 비록 손님이 오면 미소는 짓지만 그것은 겉으로의 표정일 뿐 늘 마음은 찌푸리고 있는 것이다. L 마담과 마주앉아 서로 커피를 나누고 있으면 겉으로 반갑

게 대하지만 그녀의 얼굴에는 깊은 우수를 읽을 수 있다. 그러나 일에 몰두하다 보면 잊을 수 있다는 L 마담, 바쁘다 보면 자기를 잊을 수 있다는 무아의 경지, 그것이 바로 망각이 아닌가.

　사람은 누구나 짧고 길고 간에 인생을 살아가면서 쓰라린 경험, 괴로운 경험, 기쁜 경험들을 맛본다. 그중에서도 쓰라리고 괴로운 것은 그렇게 쉽사리 잊히지 않는다. 지천명 나이의 나에게도 쓰라린 과거의 경험이 많이 있다. 그런 일들이 나의 바쁜 생활 속에 파묻혀 좀처럼 드러나지 않지만 담배를 물고 먼 산을 쳐다보는 한가로운 시간에는 불현듯 잊혔던 일들이 떠오를 때가 있다.

　지난 팔월 어느 날 나는 올해 팔십이 넘는 가친이 위독하다는 형님으로부터의 전화를 받고 새벽차로 시골에 내려간 일이 있었다. 나는 나 자신이 의사이면서도 아버님이 편찮으시다 하여도 좀처럼 시골에 내려가지를 못했다. 직장에 매여 있는 부자유스러운 몸이기 때문이다. 나는 아버지를 뵈올 때마다 나의 직업의 특수성을 이해시키려고 노력한다. 지금은 완전히 그것을 이해하고 납득하고 계시기 때문에 대하기가 덜 민망스럽다. 아무 예고도 없이 내가 나타나자 아버지는 놀란 표정을 지으면서도 속으로는 기쁜 모양이다.

　"병원은 어떻게 하고 왔느냐? 안 와도 될 일을."

그래도 아들이 가방에서 청진기를 꺼내고 가슴에 대니 안심이 되시는지 괴로운 표정 속에서도 웃음을 지으신다. 병원은 하루 비었더라도 헐레벌떡 아내와 같이 잘 왔다는 생각이 들었다. 아버지는 아들이 든 청진기보다 아들의 얼굴이 더 보고 싶었던 게다. 26일 만에 아버지는 처음으로 병상에서 일어나신 것이다. 며느리가 보고 싶었던 것이다. 아니 다섯 살짜리 손주가 더 보고 싶었을 것이다. 아버님의 얼굴에는 혈기가 감돌고 그간 쌓였던 이야기들을 괴로워하면서도 모두 털어놓으신다. 나는 아내와 같이 조용히 옆에서 듣는다. 아버지의 괴로움은 이야기하시는 중에 스르르 사라져간다. 모든 것이 다 나은 것이나 다름이 없다.

병은 마음에서부터 생긴다고 하였거니와 아버지가 내 얼굴을 보고 웃음을 지을 때 내가 온 것이 잘되었구나 하는 생각이 들었다. 집안 식구들이 모두 아버지를 둘러싸고 오순도순 앉아서 모처럼 아버지의 웃는 얼굴을 가만히 지켜보고 있었다.

오후 다섯 시. 나는 자주 올 수 없는 귀성길에 성묘라도 하고 가겠다고 마음먹고 산을 향해 발길을 옮겼다. 산길에 오르니 입추, 처서가 지나도 아직도 여름은 가시지 않았는지 땀방울이 이마에 이슬처럼 맺혔다. 집에서 어머니의 산소까지는 오 리쯤 된다. 어머니의 묘는 고향인 곤양읍에서 서포로 가는 길에 있다.

시골길이라 모든 도로가 아스팔트로 포장이 되었어도 이 길은 아직 흙이 밟히는 길로 남아 있어 더욱 훈훈함을 안겨준다. 흙을 잘 모르는 도시 사람들에게 이 길을 걷게 하고 싶다. 흙에서 태어나서 흙으로 되돌아가는 인생이라는 것을 알게 하고 싶다.

흙의 상념에 사로잡혀 있는 동안 나는 어느새 산기슭에 고요히 잠들고 계시는 어머니의 묘 앞에 다다랐다. 여름이어서 그런지 여러 가지 이름 모를 풀들이 무성하게 자라고 있었다. 동생 남송이가 음력 팔월 초이튿날이 되어야 벌초하게 될 것이라고 일러준다. 자주 못 와보는 것이 죄스러웠다. 어머니의 묘 앞에 옷깃을 여미고 경건한 마음으로 절을 두 차례 하였다. 그리고 마음속으로 집안일을 일일이 보고하였다. 장녀 숙희가 오는 9월 11일이면 시집간다는 것도 같이 보고드렸다.

어머니의 묘 앞에서 묵념을 드리고 보고하고 있는 동안 꼬마 중현이가 "아빠! 무엇해?" 하는 바람에 잊었던 나를 다시 되찾았다. 어머니 묘 바로 밑에는 또 아내의 무덤이 있다. 지난 이십일 년간 나와 생사고락을 같이 한 아내가 말없이 잠들어 있는 곳, 불현듯 지난날의 기억들이 되살아나며 아내의 모습이 머리에 떠오른다. 과거, 현재 그리고 미래를 잇는 망각의 이방지대! 기억과 망각, 삶과 죽음의 교차점에서 나는 또 하나의 새로운 망각의 이방지대를 발견한 것이다. 까마득히 잊었던 과거사, 그 망각의 영역에서 나는 또 회상의 인생을 맛보아야만 했던 산기슭!

　나의 가슴에는 저녁노을과 함께 어두운 그림자가 깔리고 나는 집에 돌아갈 것도 잊고 혼자 멍하니 망각의 이방지대에서 서성거렸다. 우리 주변에는 잊혀진 이방지대가 너무나 많다. 언젠가는 되찾아야 하는 사할린의 이방지대, 지금도 중공의 외진, 또는 각성(各省)에서 많이 살고 있다는 한국촌, 그 이방지대를 우리는 잊어서는 안 되겠다.

　잊어서는 안 될 잊혀진 이방지대, 나는 아내의 무덤 앞에서 망각의 깊은 뜻을 새기며 하산길에 올랐다. 괴로운 일, 쓰라린 경험을 잊고 산다는 것은 행복한 일이며 자기를 잊고 산다는 것은 더욱더 행복한 일이다.

낙엽을 보며 생각한다

은행잎이 수북이 쌓인 거리를 거닐면 삭막한 도시에서 가을의 정취를 한껏 느끼게 된다. 젊은 시절 낙엽을 골라 책갈피에 끼우기에 여념이 없었던 아름다운 추억과 구르몽의 시구를 연상케 한다. 그리고 나에게 있어서의 생의 의미를 생각케 한다. 인간이 이 세상에 태어나서 산다는 것, 그리고 어느 시기에 가서는 죽는다는 것이 무슨 의미를 가지는가, 또 우리는 어떻게 살고 어떻게 죽어야 하는가. 이런 인성의 근본적인 문제를 조용히 명상케 하는 것이 바로 낙엽이다.

파스칼은 일찍이 그의 유명한 명상록 『팡세』에서 '인간은 생각하는 갈대'라는 말을 남겨놓았다. 사실 인간이 생각하는 것이 없다면 동물과 무엇이 다른 점이 있겠는가. 그런 점에서 파스칼은 우리에게 중요하고도 성실한 인간탐구의 역사적인 기록을 남겨놓았다고 말할 수 있다.

　가을은 낙엽의 계절이며 우리 인생을 되돌아보게 하는 사색의 계절이기도 하다. 봄에는 화려하게 꽃을 피우고 여름에는 무성한 잎을 키우며 가을에는 알찬 열매를 맺고 스스로를 붉게 불태우고 떨어져 어디로인가 훌훌 사라져버리고 마는 낙엽에 우리 인생은 너무나 배울 점이 많다. 미련도 후회도 없이 깨끗이 떨어지는 낙엽, 추한 자기의 자태를 보이지 않으려고 바람에 훨훨 날아가 버린 낙엽, 때로는 산골짜기의 나무 밑에 수북이 쌓여 거름이 되어주고 있는 낙엽을 보고 나는 숙연해지기도 한다.

　우리 인생도 젊을 때에는 발랄하게 아름다운 꽃을 피우고 늙어서는 열매를 맺어놓고 미련 없이 이세상을 깨끗이 떠날 수 없는가 하고. 우리 인생도 저 낙엽처럼 떨어져 자기의 몸까지 바쳐가면서 거름이 될 수는 없는가 하고. 늙으면 모두가 추하게 되는데 저 낙엽처럼 아무도 모르게 바람에 훨훨 날아가 버린 어느 스님의 자태같이 될 수는 없는가 하고.

　낙엽이 떨어져 거름이 되고 있음을 볼 때 그것이 결코 종말이 아님을 깨닫게 된다. 설총이 아버지 원효대사에게 사사코자 절을 찾아갔을 때 원효대사는 아들 설총에게 빗자루를 주면서 마당을 쓸라고 하는 장면이 머리에 떠오른다. 설총은 아버지가 시키는 대로 마당을 낙엽이 한 잎도 보이지 않게끔 말끔히 쓸어 낙엽무덤을 만들어놓고 쉬고 있는데 아버지 원효대사가 나와 하던 말 한마디가 지금도 가슴에 와닿는다.

원효대사는 아들이 열심히 쓸어모은 낙엽무덤에 다가가서 낙엽을 듬뿍 한줌 손에 쥐면서 "가을은 낙엽이 한두 잎 마당에 흩어져 있는 것이 부드럽고 운치가 있어 좋으니라." 하고 낙엽을 다시 마당에 드문드문 날려 보낸다. 이 얼마나 멋있고 마음의 여유가 있는 모습인가. 그때 설총은 아버지의 넓디넓은 마음을 헤아렸다고 한다.

이제 가을이 가고 겨울의 초입에 들어섰다. 절망의 셸리의 시보다 낙엽을 찬미하는, 낙엽과 인생의 저편 그윽함을 노래하며 마음의 여유를 가짐이 어떠할는지.

나는 오늘도 구르몽의 시구를 읊으며 낙엽을 밟고 거리를 거닐면서 가는 가을을 아쉬워한다.

● 호는 서봉(西峰), 독학으로 의사, 서예가, 문필가로 대성한 입지전적 인물. 우리나라 최초 묵적비의 주인공으로 가정 형편이 어려워 초등학교만 간신히 졸업, 독학으로 초등, 중등 교원시험에 합격을 하여 세광고등학교 교사를 하면서 고등고시와 의학고시를 패스하였고 일본에서 의학박사 학위까지 받음.

서울에서 박애병원을 개업하였고 서예 및 동양화에 능력이 남달라서 당시 전서하면 독립기념관 현판을 쓰신 일중 선생님이었고 초서는 김사달 박사였다고 한다.

수필집 5권을 내셨고, 한국수필가협회 부회장에 제1회 한국수필문학상까지 수상하셨으며, 체육에도 관심을 가져 태권도 공인 4단이었다고 한다.

저술한 책과 논문이 많았으며, 풍수서도 한문 친필로 집필하였는데 글씨가 인쇄한 글씨같이 정교하고 아름다웠다. 충북 괴산 청천이 낸 최고의 인물이라 불렸으나 위암 3기 판정을 받은 후 그간에 남겼던 것들을 정리하여 서봉 서화집을 남기고 3일 뒤에 운명했다.

선택 | 지족(행복의 의미) | 족지절(足之節)
호계삼소 | 기우(杞憂) | 용어 정화 유감
문명과 공해 | 나의 경험적 수필론 | 세대 유감

김사달

金思達(1928~1984)

선택

어느 외국 잡지의 취미 가정란에 남녀가 서로 상대를 선택하는 기준을 다루었는데 그것이 꼬집고 비꼬는 비판조의 글이었음을 보고 실소한 일이 있다. 다만 편집자는 그러한 껄렁한 붓씨름을 붙여놓고는 옆에서 히죽히죽 웃으면서 적당히 안배만 하면 취미 기사로는 제격으로 되는 것이다.

먼저 남자친구가 무엇이라고 뇌까렸는고 하니 대충 다음과 같은 사연이다.

세상의 뭇 여성들은 우리 남성들을 보고 에고이스트라고들 한다. 그렇다면 남성이라는 이름의 '에고'가 여성이라는 이름의 물건을 흥정하고 사는 방법을 말해 보겠다.

청초하거나 아름다운 꽃이 탐스러운 것처럼 용모가 아름답고 자태가 맵시 있는 것을 좋아한다. 시간이 잘 맞는 정교한 시계가 좋듯이 머리가 과히 둔하지 않은 물건을 존중한다. 견고하고 녹슬지 않는 기계가 편리하고 실용적인 것처럼 건강하고 질병이 없는 싱싱한 물건을 원한다. 맛있는 요리가 비싸고 전기세탁기가 성능이 좋듯이 집안 살림을 잘하는 물건을 비싸게라도 사들여야 한다. 또 귀여운 카나리아 같은 새가 주인의 사랑을 받듯이 애교가 있는 것이 좋다. 그리고 중고품보다 신품이 좋은 것은 말할 나위조차 없다.

좋은 물건이 비싸다는 것은 정한 이치다. 조금이라도 값지고 좋은 물건을 사기 위해 우리들은 어지간히 공을 들이는 것이다. 이를테면 푼푼이 모아 저축을 하고 재능을 닦아 실력을 기르는 것이다. 그러고는 많은 물건들 중에서 가장 알맞은 물건을 고르게 되는 것인데 여러 가지를 손으로 집어보고 적당한 것을 골라잡는 것이다. 다른 사람의 손때가 묻은 것은 대개 좋아하지 않는 것이 보통이다.

옛날에는 값진 물건이 손에 잡히기가 매우 힘들었지만 요즘에는 "부디 제발 나를 집어 보십시오." 하고 제 스스로를 내맡기는 물건이 제법 많아졌다. 그런데 어째서 제 가치를 높이려고 드는 물건이 드문지 알다가도 모를 노릇이다.

그 중에는 값을 엄청나게 싸게 하려는 물건이 더러 있는데 그 까닭을 도시 알 수가 없다. 이러한 글이 실려진 그 다음 호에 다음과 같은 글이 여성의 이름으로 실려 있는 것이 아닌가.

지난 호의 본란에서 여성을 마치 물건을 취급하듯 득의만만한 태도로 깔보았으나 실은 구상유취의 유치하기 이를 데 없는 견해였으므로 부득이 내가 여성을 대표하여 남성이란 이름의 가축을 기르는 법에 대하여 한마디 부연하지 않을 수 없다.

우리가 한 마리의 가축에게 결혼이라는 고랑을 채우기 위해서는 우선 그 건강상태와 결이 어떤가를 살펴보는 것이 중요하다. 빨강인가, 파랑인가, 얌체인가, 졸장부인가, 하이칼라인가 또는 벌레나 진딧물이 붙어 있지 않은가, 잔병치레를 하지 않는가 그리고 학문이라는 것을 제대로 지니고 있는가, 얼마만큼의 먹이를 가지고 돌아오는 능력이 있는가 등을 잘 살펴서 선택해야만 한다.

가축의 얼굴이 계집애처럼 너무 예쁘장해도 여난(女難)의 상이므로 좋지 못하다. 그렇다고 얼굴이 잘생겼거나 험상궂거나를 가지고 너무 과민할 필요는 조금도 없다. 그러나 황소처럼 밥만 처먹으면 곯아떨어져 자는 미련하고 용렬한, 가축이나 말처럼 발길질을 하는 것도 못 쓴다. 또 살쾡이나 늑대 기질이 있는 것은 말할 것도 없고, 간혹 표범이나 호랑이가 되는 것도 있으므로 세심한 주의를 해야만 한다.

이런 것을 잘 살펴서 적당한 가축을 사들인 다음에는 튼튼한 고삐를 준비해야만 한다. 코를 뚫고 고삐를 잡아매되 가축 자신은 아예 모르도록 전신마취를 한 뒤에 잡아매어야만 한다. 그 고삐가 낡아서 위험한 지경이 되면 쇠사슬로 잡아매고 이것을 늦추고 당기는 것은 능숙한 솜씨로 요령껏 해야 한다.

그러나 가축을 너무 혹사만 하면 일찍 늙어 아무 쓸모없는 가축이 되기 쉬우므로 먹이는 되도록 영양가 있는 것을 충분히 주고 사역을 잘했을 때에는 머리를 쓰다듬어 주면서 칭찬을 하면 꼬리를 흔들고 제법 아양까지 떠는 법이다. 좋은 가축을 한 마리만 잘 기르면 우리들은 평생 부자유라는 것을 모르고 살 수 있을 것이다.

글을 쓴 사람들이 30대의 직업인인데도 그 포커스를 어김없이 찌르고 표현이 놀라울 정도이다. 남자 쪽에서 여자라고 하는 '물건'에 대해 '제 값을 엄청나게 싸게 하려 한다'고 넌지시 온정적인 경고를 했음에도 불구하고 여자 쪽에서는 대담하게도 남성을 가축으로 몰아 사정없이 후려쳤다. 여성측에서는 미상불 물건이라고 한 데 대한 반감이 크게 작용한 듯하다. 그러나 인간은 어차피 에너지를 활동으로 승화시키는 정밀한 기계에 비길 수 있듯이 인간을 물건이나 가축에 비유한들 큰 잘못은 아니겠지만 서로가 얄밉도록 타산적이다.

다만 여기서 흥미 있는 것은 남자는 이른바 물건의 용모와 자태가 예뻐야 하겠다는 것을 한결같이 소망했고 다만 아둔하지만은 않기를 바라고 있으나, 여자는 얼굴이 잘생기고 험상궂은 것쯤으로는 문제삼을 필요가 없다고 했고, 학문의 여부와 먹이를 구하는 능력을 중요시한 점이다.

사람이란 한평생을 살아가는 데 있어 좋은 물품의 구실을 하고 가축의 소임을 한다는 것도 일리가 없는 것은 아니겠지만, 모름지기 인간이란 물건이나 가축 이상의 윤리, 규범 속에서 그 인격이 사람다운 인간으로서 승화하는 데 있다 할 것이다. 정녕코 현대의 생활은 너무나 분석적이고 세분되어 가고 있다. 그것은 통일을 위한 세분이 아니라 분석을 위한 세분으로 떨어져 가고 있다.

이대로 간다면 그 결과는 어떻게 될 것인가? 우리들 현대인은 각박한 세정(世情)과 더불어 인간성을 상실해 가고 있다. 애정이나 사랑의 대상이 그렇듯이 공리적인 것으로부터 출발하고 있다. 인간의 감정과 정서가 갖는 신비의 눈길을 기계문명의 베일로 덮어씌워, 달과 별과 구름을 한낱 유기체로 간주하는 메마른 풍토를 조성하고 있다.

아이들 두 놈이 말다툼을 하다가 승부가 나지 않아 할아버지를 찾아갔었다.

"할아버지, 이러이러한 일로 아이와 싸웠는데 제가 옳지 않습니까?"

"오냐, 네가 옳다."

다른 한 놈이 기승을 부리며 또 물었다.

"할아버지, 그런 게 아니라 여차여차한 일로 싸웠는데 제가 옳지요?"

"오냐, 네가 옳다."

옆에서 보고 있던 한 놈이 이의를 제기했다.

"두 아이가 다 옳다고 하셨는데 할아버지 말씀이 그르지 않소?"

"오냐, 네 말도 옳다."

진실로 이러한 관용대도(寬容大道)의 방촌(尨村) 황희(黃喜) 선생의 체온과 휴머니티가 안타깝도록 그리운, 춥고 매서운 풍토가 되고 말았나.

지족(행복의 의미)

'나는 이런 때 행복하더라. 하지만….'

아니 행복하였으면 그만이지 '하지만'이란 꼬리가 붙는 것은 무슨 까닭일까? 분명한 것은 모르지만 어쨌든 '하지만'이란 후렴이 붙는 데는 만족하고 자족은 하면서도 미상불 어딘가 미흡하다는 얘기가 된다. 사전에서는 행복이란 어휘를 복된 좋은 운수, 또는 심신의 욕구가 충족되어 부족감이 없는 상태라 풀이하고 있다.

일찍이 소크라테스는 말하기를 "잘되겠다고 노력하는 이상으로 잘사는 방법은 없으며, 또한 실제로 잘되어간다고 느끼는 그 이상으로 큰 만족은 없다. 이는 내가 오늘까지 살아오면서 경험하고 있는 행복이며 그것은 곧 내 양심의 증명"이라고 했다.

영어의 낱말인 happyness는 본시 옳은 일이 자신 속에 일어난다는 뜻을 가진 happen에서 나온 말이다. 행복이란 그 사람의 노력의 성과인 것이며, 우연히 외부에서 찾아온 운명의 힘은 결코 아닌 것이다. 만약 사람이 애써 행복을 찾아 헤맨다거나 호박이 넝쿨째 굴러오기를 바라는 소위 모망지복(母望之福)을 기다린다면 행복은커녕 도리어 비참한 수렁에 빠지고야 말 것이다. 행복이란 백화점에 진열된 상품과 같이 가지고 싶은 것을 멋대로 골라서 돈만 치르면 가지고 갈 수 있는 것은 아니기 때문이다.

행복한 생활이란 바르고 확실한 판단에 의한 안정 그리고 변하지 않는 생활을 가르치는 것이 아닐까? 일찍이 아리스토텔레스가 말한 대로 행복은 자족, 지족 속에 있는 것이요, 스스로 올바르게 자각하여 행동하고 처세하는, 이른바 자행자처(自行自處)하는 속에 있지 않을까? 매양 요행이나 안일만을 바라는 마음을 버리지 못하는 인간은 결코 행복할 수가 없을 것이다. 외면치레와 사치 그리고 평온과 안일한 환경은 사람의 영혼을 잠들게 하고 마취하는 아편과도 같은 구실을 한다. 영혼이 마취되어 있으면 모든 인간 능력을 상실하게 마련이다.

만약 인간이 불행이라는 괴로운 칼날에 부닥치는 일이 없다면 언제까지나 오만하고 방종한 욕심의 심연에서 헤어나지 못할 것이다. 무엇이고 제멋대로 되기 때문에 오히려 악의 화신이

나 노예가 되고 만다. 그야말로 불행의 화신이 되고 말 것이다. 그러기에 순자가 말하기를 행복의 이면에는 필연코 재화가 따르는 것이 인간사의 상례이니 비록 경사로운 일이 있다 하더라도 근신하는 깃이 도리라고 하였다. 그래서 호사다마란 말이 생겼는지는 모른다.

사람은 누구나 원하기를 어떠한 사업 또는 어떠한 목표에 대한 열정과 소망을 안고 살아간다. 그 열정과 소망이 하염없이 와해되거나 깨어졌을 때, 사람은 절망에 빠지고 불행해진다. 그러나 그것은 언제나 부질없는 과욕에서 빚어지는 경우가 많다. 또한 그릇된 인생관, 그릇된 윤리관, 비뚤어진 생활습관이나 인습에서 연유하는 경우도 없지 않을 것이다.

우리가 소망하는 바를 이루었을 때, 바라던 것을 손에 넣었을 때, 하고 싶었던 일을 할 수 있었을 때 우리는 만족하고 기뻐한다. 이렇듯 자기가 바라던 것을 순수하게 자기의 것으로 이루어 놓은 데 대한 기쁨을 행복이라고 불러도 좋을 성싶다.

우리 인간생활에 절대적 행복이란 있을 수가 없다. 다만 은연중 내재해 있을 따름이다. 자기가 바라던 욕구를 채우기만 하면 그것이 곧 만족이요, 행복이라고 생각할 수 있지만 그 욕망에도 갖가지 형태가 있고, 그 욕망을 채우는 데도 여러 가지 방법이 있을 수 있으므로 어느 욕망이건 어떤 수단 방법으로라도 충족하기만 하면 되는 것은 아니다. 남을 억울하게 하거나 또는 자기 자신도 꺼림칙한 마음을 가지면서 아무도 아는 사람이 없다고 하여 그 무엇인가를 얻었을 때, 그 기쁨에는 항시 어두운 그림자가 따르게 마련이다. 그 어두운 그림자가 따르는 한 결코 행복이랄 수는 없다.

스스로가 당당하게 누가 보아도 떳떳한 방법으로 자기에게 안분하는 욕구를 충족시켜 갈 때 불현듯 행복의 여신은 찾아들게 마련이다. 이때에 구태여 행복을 느끼려고 애쓸 필요는 없다. 자기가 느끼지 않아도 은연중 행복은 스스로 창조되고 있기 때문이다.

졸릴 때에 잠을 자면 편안하다. 그러나 수면중에 본인 스스로는 그 편안함을 알지는 못한다. 그 편안함을 알려면 잠을 자지 말아야 한다. 행복의 상태도 본인이 의식하지 못하면 행복이지만 그 상태를 응시하면 숨어버린다. 행복의 여신은 수줍기 때문이다.

행복이란 말에는 어딘가에 우울한 가락이 스며 있다. 그것을 입에 담을 때 이미 숨어버리기 때문이다.

김사달

족지절(足之節)

　스커트의 길이가 짧아지면서부터 미인의 기준은 각선미에 큰 비중을 두게 되었다. 그리하여 비너스와도 같은 미끈한 각선미를 갖는 것이 여성들의 한결같은 소망인 것 같다. 얼굴의 모습도 중요하려니와 체격에 조화되는 각선이 없으면 결코 미인이랄 수는 없을 게다. 예쁜 발과 곧은 다리로 맵시 있게 걷는 모습에서 여성의 미와 매력을 발견할 수 있다.
　예로부터 한국 여성들은 다리 전체는 무시하고 발만을 작게 가꾸는 데 주력을 했다. 여자가 발이 크면 흉스럽고 천하게 여겼다. 오이씨 같은 발로 사뿐사뿐 걷는 게 여인의 아름다움이라 했다.
　지금은 달라졌지만 옛날의 중국 여성들은 전족을 해서 뒤뚱거리는 거위걸음을 걸었고, 일본 여성들은 꿇어 앉아 생활을 했을 뿐더러, 통치마인 '모스소'나 '하카마'를 입고 다녔던 관계로 유별난 종종걸음이었다. 대체로 동양 여성들은 다리를 노출시키지 않는 복장으로 거위걸음이나 지게걸음이었다. 치마가 다리에 휘감겨 보폭도 좁아지고, 걷거나 달리는 운동을 안 해 각력과 각선이 제대로 발달할 수 없었다.

  중국에서 전족이 생긴 것도 무슨 연고와 까닭이 있었겠지만 전족에 얽힌 이야기는 정말 엉뚱하고 엄청나서 어이가 없다. 중국의 전족은 10세기경 남당에서 비롯되었고 주로 여성의 골반과 관능미 개발을 꾀하기 위한 것이었음을 알 수 있다. 전족을 하면 몸무게를 지탱하는 지지점이 발바닥의 삼각지점이 아닌 중심부에 몰리기 때문에 설 때나 걸을 때, 몸통의 균형과 중심이 안 잡혀 뒤뚱거리게 되고, 그래서 허리와 허벅, 골반에 연결된 일련의 조직이 기형적으로 발달하게 마련이다. 따라서 골반 내장의 근육이 고도로 발달하여 이완, 수축하는 생리적 기능이 강해지지 않을 수가 없다.

  두세 살 갓난아이 때부터 방취제를 뿌린 길이 약 6척의 천으로 발 전체를 칭칭 감아 인위적으로 성장을 억제하는 것이었으니 그 고통은 대단했던 모양이다. 중국 남성들은 전족의 모습을 다시없는 아름다움으로 여겨 매혹당했고, 애인이나 남편이 아니고는 제 부모에게도 한사코 보이지 않았다. 데이비스 교수의

말과 같이 알몸뚱이의 여성이 갑자기 사람 눈에 띄었을 때, 일본 여성은 유방을, 아랍 여성은 얼굴을, 사모아 여성은 배꼽을, 중국 여성은 전족을 가릴 것이라고 말한 것은 과히 지나친 과장은 아닌 성싶다.

중국의 절세미인 양귀비나 연비, 서시, 서태후 등도 전족이었고, 금병매나 홍루몽에 등장하는 가공의 여성들도 발이 작고 아름다운 전족으로 묘사되고, 계집종들은 전족이 아니었던 것으로 미루어 역시 전족은 신비스러운 매력과 섹스어필한 효용이 있었던 것만은 사실인 듯하다. 갓난아이의 발과 같은 자그마한 발을 넌지시 바라보거나 온갖 기교로서 어루만져주는 것이 성애의 한갓 즐거움이었던 옛날 중국 남성들의 관능의 엑스타시란 도대체 어떠한 것이었을까?

전족을 향련이라 일컬어 그 미와 품격에 따라 여러 종류로 나뉘었는데 그 효용 면에 있어서는 소위 완련이라 일컬어지는 53종류의 방법이 있었다. 이런 점으로 미루어 전족의 기습(奇習)이 성과 관능의 개발에 있어서 위대한 공헌을 한 것만은 부인할 수 없을 것 같다.

우리 문학에도 『임꺽정(林巨正)』이라는 작품 중에 서림이 유우 첩실의 발가락을 핥아 요정을 내는 장면이 있고, 일본의 다니사키 문학에도 여성의 발가락에 매료되는 묘사가 있으나 중국 소설의 전족 희롱에는 저 멀리 족탈불급이다.

한국의 버선도 중국의 전족 풍속에서 다분히 영향된 것이 아닌가 한다. 여성을 비방할 때, "발이 솥뚜껑 같다."면 으뜸가는 치욕이었다. 전족처럼 잔인한 시술까진 하지 않았지만 계집아이가 예닐곱 살만 되면 제 발 크기보다도 작은, 소위 틀버선이란 것을 강제로 신겼는데 2~3년은 울어야 하고 비틀걸음을 걸었다. 우리네 옛 사람들도 이렇듯 가학적으로 만들어진 버선발이 하나의 관능적 촉매의 소임을 한다고 믿었던 모양이다.

요즘 여성들은 살이 찌는 것을 막기 위해 지나친 식이요법으로 유방은 겨우 흔적만이 남아 있고 다리는 여위였는데도 소독저처럼 날씬해졌다고 좋아한다. 역시 자기가 타고난 체격에 걸맞게, 종아리와 넓적다리에 알맞게 살이 붙어 자연스런 곡선을 이룬 다리라야 하지 않을까?

그리고 작은 발에 살이 붙고 벌어지지 않는 예쁜 발가락과 발톱이라면 더욱 좋을 것 같다.

숙녀가 걸음을 걸을 때, 그 발을 내디디는 모습이 맵시가 있고 절도가 있으면 더욱 돋보이고, 다소곳이 걷는 걸음걸이에서는 청순함을 느낀다. 학처럼 너울거리는 걸음, 아니면 거위걸음에서는 경박해 보이거나 미련해 보인다.

다리의 노출이 심하면 심할수록 에티켓에 신경을 써야 할 터인데 그렇지 못한 경우를 보곤 한다. 자기 집에서, 사무실에서, 초대석에서, 극장에서, 야외에서 조심성 없이 앉아 있을 때 보기에 민망스럽다.

호계삼소(虎溪三笑)

동물 중에서 인간이 가장 위대하다는 일면은 웃을 수 있다는 것인지도 모른다. 일찍이 라블레는 "웃음은 인간의 고유한 것, 동물로서 웃음을 아는 것은 인간밖에 없다."고 했다. 그러나 동물학자들은 원숭이를 비롯하여 소나 말, 개 같은 짐승도 웃음과 분노는 있다고 한다.

웃음의 정의를 '쾌감을 수반하는 감정반응'이라 한다면 비록 미분화된 상태라 할지라도 소위 감정을 가진 모든 동물은 어떤 형태이든 웃는다는 얘기도 된다. 원시인 사회나 미개인에게도 웃음과 분노가 있었거늘 하물며 요즘 인간사회의 그것은 고도로 분화되고 발전되었어야 옳을 일이다.

그러나 현대 인간사회에는 웃음을 잃어가고 시들어가고 있다. 그리하여 한때는 잃어가는 웃음을 되찾기 위해 이른바 스마

일운동을 벌이기도 했다. 그러나 진정한 웃음은 강제로 발생하는 것이 아니요, 자연히 일어나야 하는 것이 아닐까? 갖가지 형태의 웃음 중에서 우리는 어느 때, 어떻게 웃어야 하고, 또 어떻게 남을 웃겨 즐겁게 할 수 있을까?

서양 사람들은 남을 웃겨주며 자기도 웃는다. 허나 우리나라 사람들은 남을 노하게 하거나 슬프게 하고 자기만 웃는다. 어딘가 웃음의 철학이 비뚤어진 것만 같다. 밝고 아름다운 웃음, 명랑한 해학과 차원 높은 풍자는 사람의 마음을 항상 즐겁게 해주고 나날의 생활을 풍요롭게 한다. 웃음이야말로 긴장된 심신을 녹여주는 윤활유 구실을 하고, 모든 인간관계를 부드럽게 해주는 징검다리 역할을 하는 것이 아닐까?

웃음에도 여러 가지 경우를 생각할 수 있다. 잘 웃는다는 것과 잘 웃긴다는 것은 다분히 사람마다 개성에 따라 다르다. 같은 익살에 대해 어떤 사람은 큰 소리로 호탕하게 웃는가 하면 어떤 사람은 미소를 짓거나 쓴웃음을 입가에 띤다.

이는 웃음의 내용이라기보다는 웃음을 받아들이는 사람의 개성이 어떻게 받아들여 반응을 하는가 하는 차이에 따라 다르다는 얘기가 된다.

괴테는 "관능적인 사람은 웃을 일이 아닌데도 걸핏하면 웃고, 지성적인 사람은 거의 모든 일에 웃고, 이성적인 사람은 거의 웃는 일이 없다."고 했다.

　아닌 게 아니라 지나치게 이성적이거나 냉혈적인 사람은 성격상 몰인정하고 멋과 재미가 없는 사람이다. 이에 반하여 지성적인 사람은 머리가 명석하고 이해가 빠른 관계로 아무리 시시껄렁하고 하찮은 일에도 거기서 재미를 발견하고 모든 일에 웃을 수 있다. 그렇다고 해서 바보나 천치처럼 아무것이나 보고 히죽히죽 무의미하게 웃는다는 것은 아니다. 관능적인 사람의 경우는 감정을 주체로 하여 사물을 보는 탓으로 자기 혼자만의 기분으로 보통사람은 대수롭게 여기지도 않는 것을 엉뚱한 것을 연상하기도 하여 웃어버리는 예도 있다. 애오라지 남자의 웃음은 남성다운 웃음이라야 하고 여성은 여자다운 웃음이어야 하지 않을까?

　여성들 중에는 사람과 만나 미처 이야기도 하기 전에 웃어버리는 여자도 있다. 역학에서는 필연코 관능적인 여성으로 풀이될 것이다. "비바리는 말똥만 봐도 웃는다."는 제주도 속담이 있듯이 사춘기 처녀시절에는 젓가락이 굴러도 웃는다. 이렇듯 웃음에는 관능적 내지 생리적 웃음이 있는가 하면 남성들이 웃는 호걸웃음을 비롯하여 빈정웃음, 교태웃음, 쓴웃음, 미소, 아첨웃음, 자조웃음, 실소, 거짓웃음, 억지웃음 등 갖가지 예를 생각할 수 있다. 예를 들어 남성이 앙천가가대소(仰天呵呵大笑)할 때는 틀니가 튀어나오는 수도 있다.

　문득 호계삼소(虎溪三笑)라는 그림 생각이 난다. 호계란 중국의 강서성 덕화현에 있는 노산계곡의 이름인데, 이 산속에 혜원이라는 법사가 삼십 년이나 살면서 단 한 번도 이 노산 계곡을 빠져나가본 일이 없었다. 나가려고만 하면 큰 호랑이가 나타나 울부짖어 꼼짝을 할 수가 없었다는 게다.

　그런데 호계삼소도란 그림은 일찍이 이곳을 찾은 도연명과 육수정이 혜원과 더불어 세 사람이 서로 크게 웃고 있는 그림이다. 품격이 고상한 세 사람의 인물이 큰 입을 있는 대로 벌리고 가가대소하고 있는 그림 속의 모습은 그야말로 천진스럽고 초속적이며 선미가 느껴져 보는 이로 하여금 절로 웃음을 자아내게 한다.

　여성의 웃음은 밝은 웃음, 수줍은 웃음이 호감을 갖게 한다. 밝고 애교가 넘치는 웃음은 웃음의 동기가 상대에서 주어진 웃음이 아니라 자기 쪽에서 스스로 우러나는 밝은 웃음이다. 이러한 웃음은 아첨의 웃음이나 선정적인 염소(艶笑)와는 다른 것이므로 이러한 밝고 아름다운 웃음은 몸에 익혀두는 것이 바람직하지 않을까? 깨끗하고 교양 있는 옷매무시가 상대방에게 호감을 주듯이 이는 언동의 몸차림으로 생각해도 좋을 성싶다.

　또 수줍은 웃음은 글자 그대로 수줍음을 머금은 웃음이다. 단지 수줍다는 단순한 동기에서뿐 아니라 그 수줍음을 뒷받침하는 기쁨이나 행복 그리고 환희에 겨웠을 때 연분홍 꽃송이와도 같이 아련히 피어오르는 웃음이어야 하지 않을까?

기우(杞憂)

우리 인간생활에 있어 그지없이 어처구니가 없는 노릇은 무지가 가져오는 불안의식이다.

옛날 중국의 어느 곳에 이른바 불안공포증에 걸린 인간이 있어 하늘이 주저앉으면 어떻게 하나 하고 침식을 전폐하며 걱정과 근심을 하다가 주위의 치소(嗤笑)를 샀다고 하는 고사가 있다. 만약 하늘이 날림공사로 지은 천장 같다면, 그야 주저앉지 않는다는 보장도 없을 것이요, 의당 불안감이 뒤따를 수도 있을 것이다. 그러나 하늘이란 단순한 대기와 진공의 망망한 허공일 뿐이다. 절대로 주저앉을 리가 없는 것을 공연히 불안해한 셈이다.

그 인간의 불안의식이 하찮은 군걱정에 불과했고 이러한 사실이 연유가 되어 오늘날 무슨 염려를 하거나 불안해 할 현실이 없는데도 공연스레 안절부절 불안해하는 것을 소위 기우(杞憂)라고 부르게 된 것이다. 이것이 사실인지 아닌지는 모르지만 분명히 『열자』, 천서편의 '杞國有人 憂天地崩墜 身亡無所倚 廢寢食者'에서 유래된 고사인 것만은 틀림이 없다. 이는 큰 무지가 불안을 자아내게 한 그 단적인 예에 불과한 것이다. 이 경우엔 두 가지 유형이 있는데 그 하나는 대수롭지도 않은 것을 불안해하는 쓸데없는 근심, 걱정하는 경우와 또 하나는 사실 자체를 정확하게 이해할 수 없었던 탓으로 아무것도 아닌 것을 불안스럽게 여기는 그것이다.

그런가 하면 불안을 정녕코 느껴야만 할 현실인데도 그 사실에 무지스러워 아무런 불안도 느끼지 못하고 태연하게 살고 있는 경우가 훨씬 더 많다고 본다. 세계 각 지역에서 핵실험이 행해지면서부터 방사능에 대한 불안이 문제가 되었을 때에도 일부 지역에서는 핵실험 반대의 데모 등으로 크게 말썽을 빚었던 사실이 있었는가 하면 대부분의 나라에서는 대수롭지 않은 듯 태연스럽게 넘기기도 했다. 이는 방사능에 대한 올바른 지식이 결여되어 있었기 때문이다. 정확한 지식이 보급되었더라면 공포증에 걸릴 만큼 크게 불안해하지도 않았을 것이며 또 어디서 바람이 부느냐는 듯 태연스러울 수만도 없었을 것이다.

이런 사실에 대해 전연 모르면 불안해할 필요가 없어 좋지 않느냐고 하겠지만 불안스러운 사실에 대해 외면해버릴 수만은 없다. 그 사실에 어느 정도 불안을 느껴야 하는가는 차치하고라도 사실은 알아두는 것이 현명한 태도라고 본다. 그 후에는 어떤 불안에도 놀라고 당황하지 않는 삶을 영위해야 할 것이다.

또한 불안한 사실에 대해 대충 적당히 알 정도의 지식이어서는 오히려 백해무익할 것이다. 확실치 않은 지식은 불안을 크게 받아들이게 할 뿐만 아니라 그에 대한 방책을 강구하기도 어렵게 하고 불안 앞에 떨게만 할 뿐이다. 정확한 지식은 불안에 놀라고만 있게 하지도 않고 필요 이상으로 크게 생각하도록 만들지도 않을 것이다.

하늘이 주저앉지 않을까 근심한 기우의 얘기처럼 불안한 느낌을 갖는 것이 반드시 불안한 사실의 존재를 의미하는 것은 아니지만 불안한 생각은 대개의 경우 불안한 사실 자체를 과장하고 있는 경우가 많다. 불안한 사실이 없어도 공연히 불안스러워 걷잡지 못하고 경망을 떠는 수가 있지만 사람은 모두가 불안한 사실이 있다고 해서 반드시 불안에 떤다고만은 볼 수 없다. 자기의 존재를 확고히 의식한다면 불안을 불안으로 생각지 않고 자기와는 상관없는 일처럼 보며 태연자약할 수가 있다. 자기만 야무지다면 불안한 일이 있다손 치더라도 이기고 나아갈 수가 있으며 또한 불안에 패하지만 않는다면 불안도 불안일 수만은 없을 것이다.

　불안한 사실이 있으니까 불안해하는데 어쩌란 말이냐고 한다면 그뿐이다. 그러나 불안을 그대로 받아들여버리면 그것은 날개를 크게 펼쳐 마음 가득히 점령해버린다. 즉 불안한 사실이 우리들의 생활을 뒤흔든다기보다는 불안한 관념 자체가 마음을 휘젓는다는 뜻이다.

　불안뿐만 아니라 슬픔도 괴로움도 짜증도 울화증도 관념이란 그것을 짐짓 확대하게 마련이다. 다만 우리가 관념에만 일임한다면 불안은 고무풍선과도 같이 얼마든지 크게 부풀어 노이로제의 형태가 되고 만다. 그러기에 관념과 불안한 사실을 분리시켜 관념의 포로가 되지 않도록 해야만 할 것이다. 관념이 불안을 확대한다는 말은 사실 자체가 불안스럽지는 않다는 것을 의미한다. 불안스럽다 하고 생각하는 관념에 불과하며 사실은 그와는 다른 곳에 있고 그것도 관념이 엄습하는 것만큼 크지 않다고 생각한다.

　그러므로 관념을 제쳐놓고 불안한 사실과 맞부딪쳐야만 한다. 그러면 불안은 작아질 것이며 그토록 불안해할 만한 일도 아니었다는 것을 깨닫게 될 것이다.

용어정화 유감

일전에 어느 회합에서 소위 지식층에서도 이름이 있다는 사람이 무심코 내게 하는 말 가운데 "그는 소인(素人)이 아니냐."란 구절이 거슬려 "소인이 아니면 구로도(玄人)란 말이냐."고 대꾸를 한 일이 있다.

요즘 시정에서는 일본말이 아무 거리낌없이 오가고 있는 모습이 눈에 띈다. 일본과의 국교가 정상화되고 각계각층의 빈번한 왕래가 빚어낸 현상이라고 예사로 넘겨버리면 그것으로 그만이지만 서울 한복판에 순왜식 요정이 버젓이 자리를 잡고 한국여성이 일본여성으로 분장, 둔갑을 하고 손님에게 온갖 교태를 부리고 "이랏샤이마세"하며 아양을 떠는 몰골이란 차마 눈 뜨고 못 볼 지경이다. 그것이 좋아라고 해해거리며 사족을 못 쓰고 드나드는 얼빠진 자들의 지각없는 행동이 이맛살을 찌푸리게 한다.

  언젠가는 약방에서 20세 가량의 여점원이 손님에게 무슨 유리병에 약을 담아 주며 "입빠이 가득" 채웠다며 내주는 것을 보고 실소를 한 일이 있다. 이런 식의 일본말은 놀랍게도 우리 생활 주변 구석구석에까지 스며들어 바야흐로 토착화하려 하고 있다.

  일반 관공서나 회사에서도 히까에란 말을 가끔 쓰고 있는 모양이다. 즉 부본이나 카피를 이름인데, 일제 36년의 잔재인 이따위 일본어가 광복된 지 20여 년이 훨씬 넘었는데도 아직도 관청에서까지 공공연하게 쓰이고 있다는 것은 정말로 수치스러운 일이 아닐 수 없다. 걸핏하면 '조오시'가 나쁘다는 말을 듣는다. 이를테면 엔진의 조오시가 나쁘다, 시계의 조오시가 나쁘다고 하는 따위인 것이다.

  술집에서 선심을 잘 쓰는 사람을 '기마에'가 좋다고 하고, 술값의 계산을 '간죠우'라 한다. 이발소에서 흔히 드라이로 머리를 끝마무리하는 것을 '시아게'라 하고 짧게 깎은 머리를 스포츠가리, '마루가리'라 하는가 하면 손톱깎기를 '쓰메끼리'라고 한다. 일반 가정에서는 옷감이나 천을 아직도 '기지'라고 버젓이 쓰고 있는가 하면 방석을 '자부동', 양복저고리를 '우와기', 뒤집어짓기를 '우라까에', 조끼가 낀 양복 한 벌을 '미쓰소로에', 겹섶양복을 '됴마에', 홑섶양복을 '가다마에', 통샤쓰를 '도꾸리', 쟁반을 '오봉', 긴 소매 옷을 '나가소데', 소매 없는 옷을 '소데나시', 도시락을 '벤또'라고 이르고 맞선 보는 것을 '미아이'라고 쓰고 있다.

그런가 하면 다과점이나 음식점 같은 곳에서는 전병과자를 '셈베이', 물수건을 '시보리', 소독저를 '와리바시', 전골을 '스끼야끼', 양파를 '다마네기'라 부르고 있다. 그 밖에 수수료를 '부아이', 나사조르기를 '보도시메', 함석을 '도당', 준비를 '단도리' 등이라 한다. 또 칠칠맞은 것을 언필칭 '다라시'가 없다고 하기도 한다. 또 토목공사의 노역꾼을 '노가다', 계주를 '계오야', 사진인화를 '야끼마시', 수레를 '구루마', 익살을 '곡게이', 봉 잡았다를 '가모' 잡았다, 마무리나 정리를 '가다쓰께' 등으로 어처구니없는 꼴을 볼 때가 허다하다.

한걸음 더 나아가 우리가 쓰는 술어를 볼 때에도 일본식을 그대로 쓰고 있는 경우를 흔히 본다. 이를테면 음식의 이름 같은 고유명사를 우리말로 굳이 고쳐 쓸 필요까지는 없다고 하더라도 엄연히 우리말로 쓸 수 있는 말을 사소한 부주의로 일본식 용어를 예사로 구사하고 있으니 참으로 딱하고 안타까운 노릇이 아닐 수 없다.

일찍이 한글학회에서는 '스시'를 초밥이니, '오뎅'을 꼬치안

주니, 우동을 가락국수니 하며 한동안 장려한 것으로 안다. 그 보람이 헛되지 않아 제대로 쓰고 있는 일본 음식점이 적지 않은 듯하다. 이는 우리나라 사람들이 흔히 즐겨먹는 까닭에 우리말로 고쳐 쓸 수도 있겠지만 일본 고유의 갖가지 음식요리 명칭을 우리말로 고쳐 쓴다는 것은 무리한 얘기다. 또한 중국음식의 이름이나 서양 요리의 명칭을 구태여 우리말로 고쳐 쓴다면 그야말로 짐짓 혼란만 생길 것이다.

또 우리의 고유명사인 지게, 구들, 방칫돌, 다듬잇돌, 연자방아, 물레방아, 두루마기 등을 영어나 일어로 고칠 수 없듯이 아무리 일본이 우리의 원수였다고 하더라도 그 나라의 고유명사까지 고치자고 덤비는 것은 관념에만 사로잡힌 고루한 생각이다. 만약 빵을 '양떡'이라고 한다면 이화여대를 '배꽃 계집애 큰 배움집'이라 하고 비행기를 '날틀'이라고 하는 식의 너절한 얘기가 된다.

경제니, 사회니, 과학이니 하는 따위의 한문 술어만 하더라도 누가 뭐래도 동양 천지에 굳어버린 현대어다. 그렇다고 한문 술어면 모두 한결같이 한계가 없다거나 구별이 없는 것은 아니다. 우리가 국군을 보고 부시라 한다거나 일본인이 자기네 군인보고 화랑이라고 할 수는 없다. 우리가 쓰는 고생이라든가, 조심, 또는 백주라는 말은 일본사람은 구로우, 요우징, 마히루 따위로

써야만 옳듯, 사모님, 서방님, 팔자, 병정, 공부, 야담 등을 일본이 쓸 수 없고 강담, 화화, 여방, 화형, 용담 등을 우리가 쓸 수 없다는 것은 너무도 평범한 상식에 속한다.

그리고 일상용어 중에서도 일본 냄새가 짙은 것이 많다. 가령 행선지를 목적지로 품절을 절품으로 청부를 도급으로 입장을 처지로 추월을 앞지르기 등으로 고쳐 쓰도록 계몽한다면 일본 낱말의 토착을 막는 길이 될 것이다.

일부에서는 한자에서 유래한 전문 술어를 구태여 풀어 쓰려는 경향이 있는데 오히려 혼란만을 조장할 우려가 있다. 특히 의학용어의 예를 들면 국정교과서의 경우 위를 밥통, 심장을 염통, 신장을 콩팥, 맹장을 막창자, 충수를 막창자꼬리, 취장을 이자, 비장을 지라라고 표시하고 있다. 밥통이나 콩팥 또는 염통 같은 것은 일반사회에서도 흔히 쓰이므로 그런대로 통용이 가능하겠지만 맹장염을 막창자꼬리염이라고 하고 취장염을 이자염이라고 한다면 알아들을 사람은 한 사람도 없을 것이다.

한문 술어인 현행 의학용어는 일본을 주축으로 해서 동양 각지에서 이미 1세기에 가깝도록 통용되어 왔다. 과학술어인 한자에서 유래된 표의술어를 다시 소리글로 풀어서 신조한다는 것은 그 엄청난 단어 수에 비추어 거의 불가능한 일일 것이다.

예를 들면 인체 생리상 중대한 구실을 하는 취장이란 장기는 옛날 한의서에서는 찾아볼 수가 없고 옛 자전에도 없는 글자다. 다만 비위(脾胃)라는 대목으로만 표시되어 있을 따름이다. 또 여성 성기인 '질' 자만 해도 본시 재래의 글자가 있었음에도 불구하고 당시의 일인과학자들은 글자의 뜻이나 자형이 부적하다 하여 고기 육, 육육 변에 집 실 자를 붙여 질이란 글자를 만들어 낸 것이다. 이것을 우리가 새삼스럽게 구 자를 써서 질구를 구구라 하고 질염을 구염이라 한다면 이 또한 알아차릴 수가 없을 것이다.

그러므로 우리가 쓰는 일상용어나 술어에 있어 버릴 것은 버리고 받아들일 것은 올바르게 받아들여 이를 개발토록 하는 것이 현명한 태도가 아닌가 한다.

문명과 공해

문명의 발달은 먼저 의학의 발달을 가져왔다고 생각한다. 특히 의, 식, 주의 생활양식을 옛날과 비교할 때, 옛 모습을 거의 찾아볼 수 없을 정도로 개선되고 변모되었다. 그래서 건강을 저해하는 원인이 크게 줄어든 것 또한 사실이다.

요즘 우리나라 사람들의 평균수명은 남자가 63세, 여자가 67세로 건강도가 얼마나 향상되었는지 단적으로 입증할 수 있다. 이대로 나간다면 가까운 장래에 평균수명이 70세를 훨씬 넘어서고 질병이 별로 없는 이상적인 사회가 될 것이라고 기대하게 되었다.

그러나 이와는 반대로 건강을 저해하는 새로운 원인이 나타나기 시작했다. 그것은 건강을 가져다주는 원동력이 되리라 믿어왔던 문명이 오히려 건강을 위협하는 원인이 되고 있다는 놀라운 사실이다.

그 비근한 예로 국민생활이 날로 편리해짐에 따라 운동부족이라는 현상이 일어나고 있다. 즉 주생활이 전화(電化)됨에 따라 가정주부들의 운동이 줄어들고 있다. 또 교통의 발달과 산업의 기계화는 공업이나 농업에 이르기까지 육체적 노동에서 벗어나게 하였다. 과로를 가져오는 어려운 노동을 하지 않게 되었음은 다행스러운 일이지만 그 대신에 노동의 즐거움을 앗기고 규격화된 단순한 노동만을 하게 된 데 문제점이 있다. 그 결과 우리는 운동부족이라는 역조현상을 일으켜 기계에 녹이 슬듯 비활동적인 비둔한 인간들이 늘어나게 되었다.

다음은 영양의 과잉섭취를 들지 않을 수 없다. 경제소득의 증대와 영양소의 풍요에 따라 절제 없이 과식하면 균형이 안 맞는 영양소를 편식하는 것 등이 원인이 되어 발생하는 과대비만증이나 당뇨병, 고혈압 등이 그 실례가 된다.

또 사회기구의 급격한 변동도 건강을 해치는 새로운 원인이 되고 있다. 물질문명은 인류의 귀중한 정신문화와 정서생활을 무시하고 발전되어 왔다. 그 결과 인간 본연의 적응력으로는 도저히 따를 수 없을 정도의 강한 스트레스가 작용하게 되었다. 정보활동의 범람과 노동의 기계화, 인간 상호관계의 복잡화 등 그 어느 것 하나도 우리들의 정신에 영향력을 주지 않는 것이 없게 되었다. 근래 정신병이나 노이로제가 사회문제로 등장하게 된 것도 이 때문이 아닌가 한다. 그래서 문명이 가져온 해독은 농촌보다 도시에, 청년보다는 중년 이상층에 더 심각한 영향을 미치고 있다.

그러나 가장 큰 문제는 공해문제인 것이다. 인류가 자신들의 행복을 위해서 쌓아올린 문명의 성과가 반대로 자신들의 건강을 좀먹게 했다는 것은 크나큰 비극이 아닐 수 없다. 유기수은을 비롯하여 동, 카드뮴, PCB, 아연산가스, 일산화탄소, 광화학, 스모그 등 수많은 산업부산물들이 우리에게 공포감을 거침없이 휘몰아주고 있으니 말이다. 이렇듯 인류의 생명에 필요한 공기와 물 그 밖의 모든 생물들은 날이 갈수록 오염되어가고 있다.

산업의 발달과 생활의 근대화는 인류에게 많은 편의와 안일을 제공해 준 것이 사실이지만 그 부산물의 해독 또한 무섭게 우리를 위협하고 있다. 갈수록 더욱 자연을 파괴하는 환경오염을 그대로 방치해 둔다면 공해로 인한 건강의 훼손이 짐짓 늘어나 결국은 모든 인류의 전멸을 가져올 가능성마저 있다고 거론되고 있다.

산업의 급속한 발전과 더불어 인구의 도시 집중 과정에서 공장폐수와 도시 하수가 양만 늘어나는 것이 아니라 그 오염도가 더욱 높아져 가고 있다는 사실이 보고되고 있다. 폐하수의 오염

물질은 과거에는 단순한 유기물로서 서서히 분해돼서 해가 없는 상태로 자정화되었지만 최근에는 분해가 되지 않는 이른바 잔류성 물질이 증가해 가고 있기 때문에 생태계에 크나큰 피해를 가져오게 되었다.

또한 세계 각지에서 발생된 대규모의 오염은 바닷물의 적조현상을 불러일으키는 등 보다 축적되고 만성적인 생태계의 파괴가 마침내 인류의 생존을 위협하기에 이르렀다.

이와 같이 지난날 문제가 되었던 급만성 전염병이나 그 밖의 건강상의 장애가 줄어든 대신 오늘날에는 문명의 부산물이 건강을 크게 저해하는 인자가 되어 인간의 생명을 위협하게 된 것이다. 이런 절박한 현실 속에서 과연 우리는 어떻게 대처해 나가야 할 것인지 엄숙히 자성하고 그 대응책을 마련해야만 할 것 같다.

나의 경험적 수필론

나는 일찍이 의사가 된 후에 거의 20여 년 간 『최신의학』이란 학술잡지와 그 밖의 학회지, 전문지 등의 편집인을 역임한 일이 있다. 그때에 내 손을 거치는 글들이란 주로 자연과학 일변도의 학위논문이거나 종설, 임상증례 따위의 생경하고 무미건조한 글들이었다. 나는 그 논문들을 안배하고 편집을 하면서 기절할 만큼 놀라운 사실을 알게 되었다. 과학자들이란 거의가 자기주장이나 학설에는 본래가 고집불통이요, 또 사람에 따라서는 그 직업의식으로 하여 벽창호같이 인색한 법이지만 그 문장에까지 터프한 개성이 나타나고 있었다. 그뿐 아니라 거의 문장의 아나키즘 상태를 이루고 있어 나를 질색하게 만들었다.

과학논문인 까닭에 더욱 그 기승전결이 뚜렷해야 할 것이요, 바르고 쉬운 문장으로 표현을 해야만 될 터인데 난삽하고 껄끄러운 표현을, 그것도 하여, 하고, 그리고 등의 접속사의 연결로 뱀처럼 길어진 단락 없는 용렬한 글이 많은 데는 적이 놀라지 않을 수가 없었다.

으레 논문이나 또는 문장이라고 하면 덮어놓고 평론가, 소설가, 시인 또는 에세이스트들의 전유물인 양 여기는 사람들이 많다. 이를테면 문장을 하나의 기호 내지 전문 분야시하는 경향이 있다. 그러나 과학이건, 법률이건, 경제건 또 어떠한 분야건 그 이론이나 기술을 소개하고 전달하기 위해서는 문장이란 형식을 빌리지 않을 수가 없다. 깊이 파고들어가면 하나의 전문적인 분야를 이룰 수 있으면서도 지식인이라면 누구나 어느 수준까지의 문장력을 가져야 한다는 것이 평소의 내 지론이다.

특히 과학 논문은 어디까지나 연구 기록이며 사실 기사인 까닭에 자칫하면 요령부득의 산만한 문장이 되기 쉽다. 설사 그 논문의 내용이 아무리 훌륭한 창의성과 오리지널리티를 지녔다 하더라도 문장의 구성과 표현 방법이 어색하면 할수록 논문으로서의 권위를 저상하게 마련이다. 과학 논문이란 단지 과학적 사리를 제3자에게 전달, 이해시키는 방편에 지나지 않기 때문에 한갓 문장이란 형식을 빌리면 된다는 식의 안일한 사고방식을 가질 수도 있다.

그러나 과학 논문인 까닭에 더욱 강제되는 철칙이 있다. 그

논지가 철두철미 주관이 아닌 객관성을 지녀야 하고 문장의 논리가 간결, 명확해야 한다. 또 그것이 어느 한쪽에 치우치시 않는 엄연한 입증성이 있어야 하고 아울러 누가 보아도 곧 납득, 이해할 수 있는 평이성도 갖추어야만 한다. 이렇게 따지고 본다면 과학 논문이 오히려 더 쓰기가 어렵다는 결론이 된다. 즉 같은 원리를 추구, 표현하는 방법에 있어서도 각 개인의 개성과 문장력 여하에 따라 현격한 차이를 드러낸다는 것을 알았다.

나는 이와 같은 사실에 착안하여 1962년에 드디어『과학논문작법』이란 책을 세상에 내어놓아 사계의 갈채를 받기도 했다. 그리하여 줄곧『양호위생학』,『건강교육』,『건강의 조건 365일』,『두뇌개발』등을 비롯한 40여 종의 저술을 했고, 여러 지상에 발표했던 글들을 모아 소위『소의낙수』라는 수필집과 10여 권의 수필 동인집을 내기도 했다. 그러다 보니 나는 어느덧 지천명의 고비를 바라보며 의사 출신 문필가라는 레테르 하나가 더 붙게 된 셈이다.

나는 내 스스로의 인생을 되돌아볼 때 참으로 입맛이 씁쓸할 때가 많다. 나는 과거에 숱한 고시를 거치는 사이에 어느덧 제법 문장구성의 요령을 터득한 것 같다. 옛날에는 고시의 출제가 거의 주관식이었던 관계로 문장력이 있어야만 했다. 아마도 나는 문장과 필기의 정연으로 해서 합격점 이상의 출중한 득점을 하였거나 아니면 문장의 동정 점수로 매번 장원 합격을 했는지도 모르겠다. 또 그 숱한 노트 필기를 하는 가운데 프린트 필경생이란 별로 달갑지 않은 과거를 가졌고, 더 나아가서는 짐짓 서예에까지도 손을 뻗쳐 국전 서예에 당선을 하고 서화전, 도화전까지 열었던 여력을 과시한 것인지도 모른다.

여하튼 내 인생과 과거는 오색 잡탕이요 두루 춘풍식이다. 어떻게 하여 내가 그렇게 뭇 사람의 화제에 오르는 너절한 이력서의 길이를 간직한 인간이 된 것인지는 나도 모를 일이다. "하루아침에 눈을 떠보니 자기는 이미 유명해져 있더라."던 바이런을 생각하며 고소를 금할 길 없다.

겸손하지 않게 말할 때, 또 원고지에 글을 쓸 때, 나는 미치는 버릇만은 있다. 아마도 내가 타고난 병인지도 모른다. 그런데 그 미치는 버릇 가운데 해괴한 버릇이 하나 있다. 유독 수필을 쓸 때에만은 대낮에도 으레 촛불을 켜고 써야만 직성이 풀리는 웃기는 버릇 말이다.

수필은 붓 가는 대로 쓰는 형식 없는 글이라고 하지만 그렇다고 곤드레가 된 취한처럼 아무렇게나 써버린 넋두리가 되어서는 수필이랄 수가 없다. 그러기에 나는 수필을 쓸 때에는 차분히 마음을 가라앉혀 명상을 하며 쓰는 버릇이 있다. 그래서 대낮에도 커튼을 치고 촛불을 켜는 변덕스럽고 고약한 버릇을 가지게 되었다.

　문장이란 그것이 소설이건 수필이건을 막론하고 애오라지 문장력의 기틀이 잡혀져 있어야 한다고 생각한다. 더욱이 수필이란 솔직하기 때문에 다른 글보다 오히려 터치가 빠르고 예리할 수 있고 형식에 얽매이지 않기 때문에 구수하고 자재로울 수가 있다. 또한 아름다운 시경이나 가벼운 경구, 익살과 유머 등이 은연 중 풍겨지게 마련이다. 그래서 글을 쓴 이의 고생이나 면목이 첫마디부터 드러나는 수가 있는가 하면, 그 사람에게 깊숙이 내재한 교양이나 아취, 견식이나 사상 등이 글 가운데 풍기는 법이다.

　따라서 수필이라는 것이 잘 쓰고 다듬어진 것이라면 문학작품이 될 수 있고, 그것이 소야하고 생경하여 멋대가리가 없는 글이라면 넋두리 같은 장문이나 견강부회의 너절한 궤변이 되고 만다. 잘 쓴 수필에는 해학과 웃음이 있고, 가슴 저리게 파고드는 정감이 있고, 구수하고 텁텁한 인정 가운데도 예리한 비판이 있는가 하면 「적벽부」의 글귀에 있는 대로 '청풍서래에 수파불흥'하는 잔잔하고도 아련히 피어오르는 안개와도 같이 인생과 생활을 관조하는 여유와 철학이 서릴 수 있다.

　모름지기 직업인의 수필은 그것대로의 구미와 감칠맛이 있어야 하겠다. 생명과학을 다루는 의사들의 수필은 솔직, 간결해서 산뜻한 멋이 있다. 너절한 수식을 주렁주렁 달고 살을 억지로 끌어다 붙인 수필을 읽노라면 역겨울 때가 있다. 사전에 어떠한 짜임이나 계획이 없고 정해진 형식이 없다는 것이 수필의 가장 중요한 특징이라고 생각한다. 붓 가는 대로 쓰는 글인 까닭에 어떤 객관적인 사실을 전달하는 글도 아니요, 자연히 자기의 신변에 얽힌 이야기일 수밖에 없다.

또한 그 문장도 설명문이나 논설문과 같은 논리성보다 서정성을 지닌 것을 그 특징으로 한다. 자기 마음 한가운데 표현되지 않은 채 숨어 있는 관념, 기분, 정서 따위를 표현하는 하나의 시도라고 한 허버트 리드의 말이 제격일는지 모른다. 그래서 수필의 소재란 모든 영역에서 발견될 수 있는 것이요, 문학적 영역과 문학인의 붓끝으로만 이루어지는 것은 결코 아니라고 생각한다.

높은 과학적 지견과 사물을 꿰뚫는 예리한 통찰력을 지닌 의학인의 차원에서 양심의 프리즘을 통해 주위 환경과 인생을 관조하고 감성을 솔직담백하게 문장으로 표현할 때, 필자의 지식이 해박하고 감성이 풍부하면 할수록, 또 그것을 표현하는 문장이 간결하고 예리할수록 그것은 과학자의 손색없는 수필로 군림할 수 있으리라고 본다.

일정한 형식이 없고 모든 것이 수필의 소재가 될 수 있다고 해서 어중이떠중이 아무나 덩달아 제멋대로 아무렇게나 갈겨쓴 글이 수필일 수는 없다. 요즘 건강부회의 우스꽝스러운 글들이, 그것도 초등학교 아동이나 중학생의 글만도 못한 글들이 수필입네 하고 마구 활자로 찍혀져 나오는 것은 미상불 지면과 활자가 과잉된 탓이라고 가볍게 치부할 수만은 없는 실정이다. 수필의 형식이 자유롭다는 데서 이 같은 현상이 빚어진 것이겠지만 그 책임의 일단은 편집을 기획하고 다루는 사람들에게 지워져야만 하겠다.

수필이란 그 내용이 재미가 있어 단숨에 읽혀지는 것이어야 한다. 그러자면 그 글 속에는 풍부한 지식, 유머, 위트 등이 있어야 한다고 생각한다. 그래서 글이 잘 씌어지고 짜임새가 잘 다듬어진 수필이라면 읽는 이로 하여금 구미가 당기고 저도 모르게 글 속에 말려들어 독서안목이 밝아지고 눈길이 빨라져 단숨에 읽혀지게 마련이다. 이것은 곧 수필이 갖는 특성이요 동시에 매력이기도 한 것이다.

후안무치하고 철면피 같은 부류에게는 열 번의 공격보다는 한마디 야유가 백 퍼센트 효력을 갖는 법이다. 그것은 번거로운 시사평론보다 기발한 위트의 만화 하나가 여러 사람에게 깊은 공감을 주는 것과 같은 이치이다. 날카로운 한마디 조롱이나 함축 있는 유머 한마디가 장시간의 무능한 연설을 제압하는 경우도 있다. 완강한 고집만을 일삼고 반성, 회오하는 현명함이 결여

된 무리에게는 간언이나 충고가 소용이 없다. 거기에는 다만 적절하고도 심각한 풍자가 필요할 뿐이다. 이런 함축을 은연중 풍기는 수필이야말로 금상첨화의 백미 수필이라 하겠다.

세대 유감

 몇 가름의 기록과 추억을 간직한 일몰의 잔광은 하염없는 고독의 초췌한 빛을 띠고 서서히 담장 너머로 사라져 간다. 그것이 바로 한 세대의 의미가 아닐까?
 우리 또래, 이를테면 지금의 50~60대가 오늘날의 젊은이들을 넌지시 바라보노라면, 우리가 저 나이에는 저렇지 않았는데 하며 사뭇 의아스러운 상념에 사로잡힐 때가 많다.
 우리 나이의 세대들은 일제하에 태어나서 그들에게 식민지 교육을 받아왔고, 해방의 기쁨이 채 가시기도 전에 6·25를 겪은 세대들이다. 일본사람들이 우리나라에 들어와 근 36년을 짓밟다가 손을 들 때까지 우리 민족에게 저질렀던 가공할 만행과 식민지 정책의 마수 속에서 젊은이들은 희망과 용기를 잃지 않고 그 회색 장막의 우리에 갇혀 사는 신세였다.

당시 형세로 보아 우리가 근대적인 문화를 성취하는 과정을 완전한 폐쇄적인 울타리에 가두어놓고 오직 저희 일본을 통해 전달받도록 하는 정책을 펴왔다. 과거의 일본문화가 한국을 통해서 받아들였다는 이면도 있고, 또 지정학적으로 인접하고 있다는 관계도 있어 문화적인 동질성이 강한 것을 기화로 그것을 곧바로 우민(愚民)정책으로 역이용하려 했던 것이다.

이를테면 언어구조라든가 혹은 여러 가지 사회문화적인 공통 요인으로 하여 일본문화의 지배에 흡수될 소지가 있는 까닭에 무조건 강요되는 정책이 비교적 순조로웠던 점도 없지 않았다. 그리하여 한국 역사에 대한 왜곡된 해석을 짐짓 주도했을 뿐더러, 우리가 당한 갖가지 외침과 허점에 대해, 일본 나름대로 합리화를 강요함으로써 그것들을 무의식적으로 우리 민족이 받아들이게 하는 그러한 우민-동화 정책을 획책하였던 것이다. 마침내 창씨개명을 강요하여 성(姓)까지 앗아가고, 일본말의 생활화를 강요당하였다. 그리하여 보국대로 가라면 기어이 가야만 했고 학병으로 가라면 그에 끌려가야 했다.

돌이켜보면 일본이 한국 민족을 그야말로 무단정치로 동화정책을 펴나가는 데 있어 국제적인 요인도 무시할 수 없었다. 20년대 내지 30년대는 선진 자본주의 국가가 모두 식민지 쟁탈에 혈안이 되어 있어 일본이 한국을 어떻게 하든 당시의 열강들은 오불관이었다. 세계2차대전의 와중으로 휩쓸리면서부터는 일본은 한국의 농산물이나 부존자원은 물론 한국민을 마치 전쟁 소모품으로 간주하여 심지어는 한국의 아녀자까지 전쟁터로 끌고 가 소위 정신대라는 명목으로 지희 군대의 수욕을 채우게 하는 위안부로 처참하게 유린하는 만행을 저질렀다.

이러한 처지에서 경제적 민족주의라든가 우리 민족문화라고 하는 것은 일본의 우민 탄압정책이 가속화할수록 짐짓 말살되거나 절망상태로 기울게 마련이었다. 그래서 젊은이들은 그러한 절망을 극복할 수 있는 길을 잃은 채, 니힐리즘에 빠지는 경향이 짙었다. 또 일부는 부질없는 공산주의 사상에 탐닉하는 예도 없지 않았다. 얼핏 보면 당시 한국 젊은이들의 의식이라는 것이 퇴폐적이고 모순에 차 있거나 아니면 열등감에 사로잡혀 있는 그런 무기력한 상태가 아니었던가 싶다.

산발적으로는 독립투사나 순국열사가 있어 근원적으로 보면 20년대 이후부터 간헐적으로 이어져 오지만 일제에 반항하기 위해 결정적으로 전면에 나선 핵심세력이라는 것이 국민에게 강력하게 어필하지 않았다. 어떻게 보면 당시의 지도층이나 상류층이 일제에 대한 단순한 반발에 그친 미온적인 것이다. 당시의 엘리트라 할 수 있는 우수 두뇌들은 일부는 고시를 통해 법관이나 변호사로 또는 금융기관 아니면 의사와 같은 안정된 직업을 선택하여 안분지족(安分知足)하는 것이 고작이었다.

1945년 8·15해방에서 1950년 6·25 동란을 거치는 동안에도 우리나라는 혼란의 아수라장이었다. 그리하여 드디어는 모든 면에서 너무나 급격한 변혁을 가져왔다.

옛날 송나라 문인 소동파는 「전적벽부(前赤壁賦)」에서 "변하는 것을 기본으로 삼아 본다면 하늘과 땅도 일순간이라도 변하지 않는 것이 없고, 변하지 않는 것을 기준으로 삼아본다면 외계의 물질이나 죽고 사는 것 또한 무궁하다(蓋將自其變者而觀之, 則天地曾不能以一瞬 自其不變者而觀之, 則物與我皆無盡也)."하였거니와 사실 세상만사는 변하는 면만을 추려본다면 한시라도 그대로 있는 것이 없고, 변하지 않는 면을 본다 해도, 아침에 피었다가 저녁에 지는 꽃이라 할지라도 무궁한 과거로부터 여워한 미래에 걸쳐 피는 것이니 이 또한 무궁하다 할 수 있다.

지금 구세대와 신세대 사이에는 정신적, 문화적 연결이 거의 단절되다시피 되어 있다고 해도 과언이 아니다. 요즘 50~60대의 사람이면 거의 누구나 어렸을 때, 종아리를 맞아가며 암송하던 『동몽선습(童蒙先習)』, 『소학(小學)』, 『사서(四書)』 등의 책 이름을 50세 이하의 사람들은 아마도 들은 일도 없는 경우가 대부분일 것이다.

우리는 지금 우리들의 정신사상 미증유의 격동의 시기를 경험하고 있다. 그리고 이 격동은 쉽사리 진정될 것 같아 보이지 않고 앞으로 한참 계속 될 것 같다.

나는 우리 사회에 있어서 단절된 구세대와 새 세대와의 문화적, 정신적 연결성을 회복하는 노력이 있어야 할 것으로 생각한다. '유구한 역사와 전통을 자랑하는 대한민국'이란 말은 결코 헌법의 서두를 채우기 위한 허식이 아니라 우리가 훌륭한 민주사회를 세우기 위한 첫걸음이 무엇인가를 설명하는 말이 아닌가 한다.

우리가 바라는 새로운 세대는 올차고, 예절 바르고, 부지런한 민주시민의 빛나는 전통을 세우는 것을 지상명제로 삼아야 하지 않을까? 그리하여 그 새로운 세대의 횃불 밑으로 구세대와 더불어 조화, 융합되면서 앞을 향해 전진하는 우람한 매무시를 갖추어야만 하지 않을까?

헌사 : 박문하 선생님께!

삶을 풀어 쓴 글

김애양

우하(雨荷) 박문하 선생님께!
안녕하세요?
선생님은 아실 리 없는 까마득한 후배가 인사 올립니다.
지금으로부터 십 수 년 전이었어요.
제가 최초로 글쓰기를 배우러 갔던 날이랍니다. 자기소개서에 쓴 의사란 제 직업을 보고는 스승님이 덕담을 건네더라고요.
"박문하 선생님 같은 사람이 되십시오."
솔직히 전 그때 박문하가 누구인지 전혀 몰랐습니다.
모를 수밖에요. 대학 입시 준비로 시달리던 고등학교 시절부터 의과대학 6년에다 전문의 자격을 취득하기까지 우리는 삭막하게 지식만 습득하기에 급급했지 문학이며 수필이며 예능이라곤 담을 쌓고 지냈으니까요.

뒤늦게 박문하가 누구인지 탐색을 시작했지요.

그러고는 깜짝 놀라고 말았습니다.

의사란 혈압의 높낮이라든가, 혈구 수치의 과소 여부, 체액의 성분 따위에만 관심을 기울이는 사람인 줄 알았지 인체가 아닌 인간사에 해박할 수 있는지 몰랐거든요.

'아, 이렇게 글 쓰는 의사 문인도 있었구나. 진료를 하면서도 문학을 향유할 수가 있구나. 여태 문과와 이과로 나뉘어져 온 입학 제도에 의해 의과대학은 이과생만 들어갔으므로 의학이란 문학과 반대말인 줄 알았던 내 판단이 그릇됐구나. 오히려 의학이 문학에 다가가게 할 수 있는 지름길이겠구나. 박문하 선생님처럼 진료를 하면서 글을 쓴다면 환자를 더욱 잘 이해하고, 인간을 깊게 탐색할 수 있는 이점이 있겠구나.'

이런 생각들을 했더랍니다.

그리고 저의 생각은 그리 틀리지 않았던가 봅니다.

선생님이 세상을 떠나시고도 어언 40년의 세월이 흐른 2015년 오늘날엔 인문학이 대세를 이루며 의과대학 학생들도 문학에 열을 올리고 문과계열의 고등학생도 의과대학에 진학하도록 제도가 바뀌어 가고 있거든요.

헌사 : 박문하 선생님께!

그러니까 의학과 문학이 서로 반목하는 게 아니라 교묘히 어우러져 인생을 파악하는 데 더없이 긴요하단 거예요.

1918년에 태어난 선생님은 제겐 큰아버지 연배이시네요. 까마득히 어린 저는 당신의 문학세계를 넘보고 있지만 언제 도달할지 감감합니다.

다만 한 가지 유일한 희망을 갖고 있어요.

남의 병은 성심껏 치료해주던 선생님은 자신의 간경화증은 어쩌지도 못하고 58세의 안타까운 나이로 세상을 저버리셨잖아요. 하지만 저는 끈질기게 살려고 합니다.

선생님보다 두 배는 더 살아서 선생님께서 못다한 문학의 꿈을 완성하려고 해요.

선생님 같은 선배 의사들의 공로로 우리 세대는 평균수명이 100세를 훌쩍 넘는다잖아요.

선생님의 문학적 영감에 덕을 입은 제가 100살이 되었을 때 또 어찌 알겠어요. 세상을 뒤흔들만한 수필가로 탄생될지 어떨지 말예요.

이건 저 혼자 하는 얘기인데요.

어느 수필 잡지사에서 '수필가가 감동한 명수필'을 소개하란 청탁을 받았을 때 처음엔 당연히 몽테뉴에 대해 써야 한다고 생각했어요. 왜냐면 제가 읽은 소설마다 몽테뉴의 글을 인용하지 않은 작가가 없었거든요.

누구냐고요?

최근에 본 소설엔 오스트리아의 토마스 베른하르트가 있었고요. 그 전엔 프랑스의 계몽주의 철학자이며 소설가인 드니 디드로가 있네요.

아, 그리고 또 생각나요.

요즘 엄청 인기 있는 프랑스 소설가 파스칼 키냐르의 작품 중에도 아름다운 것을 손꼽으라면 몽테뉴의 글을 빠뜨리지 않는다고 했어요.

그래서 우리 수필의 원조인 몽테뉴를 소설가들이 더 좋아하는구나 하는 생각으로 그의 수필을 필사하기 시작했지요. 그런데 어찌나 난해하던지 곧 집어치웠답니다. 우리가 몽테뉴를 수없이 되뇌면서도 그의 작품을 읽지 못하는 이유가 번역에 있겠단 추측을 하게 되었지요. 그런데도 몽테뉴의 『수상록』을 읽고 감명을 받았다고 한다면 거짓말 아니겠어요?

그래서 떠올린 사람이 바로 박문하 선배님이세요. 우리글로 쉽고도 감동적인 글을 쓰신 분.

아. 이제는 하늘나라에 계신 선생님.

헌사 : 박문하 선생님께!

저 짤막한 「잃어버린 동화」 한 작품에 선생님의 삶이 다 담겼네요. 독립운동가의 유복자로 태어나 가난한 유년을 보내고 독학으로 의사가 되었다지요? 형님들과 누님 내외는 독립운동을 위해 중국으로 떠나고 막내인 선생님이 홀어머니를 지킨 사연도 잘 알게 되었어요. 게다가 운명의 힘에 희생된 소중한 아드님의 추모까지 합해져 읽는 우리는 뭉클하고도 가슴 저릴 수밖에 없네요. 선생님께선 당신의 삶을 풀어 글로 옮기셨단 걸 알게 되었어요.

하늘나라에서 어떤 힘을 행사할 수 있다면 부디 수필 쓰는 우리들이 더욱 문학을 잘 알 수 있도록 해주세요. 문학을 통해 남을 더 깊이 이해하고 더불어 푸근하게 살도록 도와주세요. 그리고 이 땅에서 수필이 날로 더 발전하도록 애써 주세요.

문학이 본업이 아니면서도 글을 쓰고 싶어 하는 우리 의사들에게 앞길을 열어주신 선생님께 깊이 감사드립니다. 그럼 저 하늘나라에서 언제나 평안하세요.